ORTOGRAFÍA
práctica
del ESPAÑOL

Guías prácticas del
Instituto Cervantes

ORTOGRAFÍA
práctica
del ESPAÑOL

Leonardo Gómez Torrego

ESPASA

Instituto
Cervantes

Directora editorial: Pilar Cortés
Coordinadora editorial: Alegría Gallardo
Revisión y edición: Celia Villar

Diseño de interior y maqueta: Elena Costa Krämer
Diseño de cubierta: Jesús Sanz

© Instituto Cervantes
© Leonardo Gómez Torrego, 2009
© De esta edición: Espasa Calpe, S. A., marzo, 2009
  Segunda edición: julio, 2009

Depósito legal: M. 31.527-2009
ISBN: 978-84-670-2840-9
NIPO: 503-09-030-9

Impreso en España / Printed in Spain
Impresión: Unigraf, S.L.

Editorial Espasa Calpe, S. A.
Complejo Ática, Edificio 4
Vía de las Dos Castillas, 33
28224 Pozuelo de Alarcón (Madrid)

El papel utilizado para la impresión de este libro es cien por cien libre de cloro y está calificado como **papel ecológico**.

Índice

PRÓLOGO

El *Diccionario de la Lengua española,* de la Real Academia Española, ofrece dos acepciones del término *ortografía*:

1. f. Conjunto de normas que regulan la escritura de una lengua.
2. f. Forma correcta de escribir respetando las normas de la ortografía.

Atendiendo a una actitud claramente panhispánica, en la actualidad estas normas las fija la Asociación de Academias de la Lengua Española[1]. De esta manera, se busca la uniformidad ortográfica en todo el ámbito de habla española, lo que conviene sin duda a la unidad del idioma y revierte en la comodidad y en la eficacia comunicativas a través de textos escritos en cualquier lugar del vasto mundo de habla española.

Estas normas son fruto tanto de la arbitrariedad —podrían haber sido otras distintas a las actualmente fijadas— como de la adecuación a los distintos cambios de la lengua, por lo que han ido evolucionando a través de los años. Desde las primeras indicaciones ortográficas de la Real Academia Española, contenidas en su *Diccionario de Autoridades,* hasta hoy, son muchos y de gran calado los cambios que se han ido produciendo. Las normas actuales afinan mucho más la regularización del sistema gráfico-fonético del español, responden mejor y de manera más nítida al funcionamiento de nuestra lengua, a su sintaxis, a su fonética, etc. Ello hace probable pensar en una evolución futura de la ortografía: una modificación y matización de las normas actuales, siempre con tacto y mesura, para seguir adecuándolas a la propia evolución imparable de una lengua viva pero sin afectar a la unidad del sistema lingüístico español.

Sin embargo, el carácter relativamente arbitrario de estas normas no implica falta de necesidad de su cumplimiento: constituyen el código que compartimos todos los usuarios de la lengua española para poder comunicarnos con ella; si todos utilizamos el mismo código, contribuiremos a la facilitación de la comunicación y, como consecuencia de ello, al mantenimiento de la unidad de la lengua.

La *Ortografía práctica del español* pretende ser una guía para abordar las bases ortográficas del español de forma clara y comprensible. Completamente actualizada, refunde y ordena toda la normativa publicada al respecto por la Real Academia Española, tanto la contenida en su *Ortografía de la lengua española* de 1999 (la primera tras las normas ofrecidas de 1959), como la incluida en la vigésima segunda edición de su *Diccionario de la lengua española* de 2001 y, sobre todo, en su *Diccionario panhispánico de dudas,* aparecido a fines de 2005 y elaborado por la Asociación de Academias de la Lengua Española. Esta última obra es, en la actualidad, la más reciente referencia normativa académica: lo que en él se establezca o fije, prevalece sobre lo dicho en otras obras también académicas; corrige o matiza muchas cuestiones tratadas en estas obras anteriores y añade otras muchas de fuerte calado ortográfico y fónico.

La *Ortografía* que aquí se presenta se divide en tres partes. La primera se dedica a la ortografía de las letras y de las palabras, la segunda a la acentuación y la tercera a la puntuación. Siguiendo los criterios de la colección, se ha buscado aunar rigor científico y claridad expositiva con el fin de abordar estas cuestiones de un modo accesible para un lector no especialista y desde una perspectiva eminentemente práctica. Los contenidos se han distribuido de forma sencilla y gráfica en epígrafes y subepígrafes que ordenan y facilitan la consulta del contenido, y se ilustran con gran cantidad de ejemplos y observaciones que ayudan a un mejor conocimiento de las normas ortográficas actuales y a una imprescindible reflexión sobre su importancia y necesidad.

La *Ortografía práctica del español* es la segunda entrega de la colección *Guías prácticas del Instituto Cervantes*, que inició su andadura en 2007. Una colección pensada para favorecer el conocimiento y el uso correcto del español, que describe las bases de la lengua española desde una perspectiva práctica. En esta *Ortografía*, se presenta la normativa ortográfica del español de un modo claro y comprensible, de fácil consulta, pensado para llegar a un público lector amplio, no necesariamente especialista. Con ello, el Instituto Cervantes cumple con uno de sus cometidos: la difusión y promoción del conocimiento del español, facilitando instrumentos para promover su uso correcto.

Confiamos en que esta guía sea de utilidad para todos aquellos que deseen tanto mejorar su dominio del español escrito, como hacerlo con propiedad y corrección.

CARMEN CAFFAREL
Directora del Instituto Cervantes

[1] Compuesta por las siguientes Academias: Real Academia Española, Academia Colombiana de la Lengua, Academia Ecuatoriana de la Lengua, Academia Mexicana de la Lengua, Academia Salvadoreña de la Lengua, Academia Venezolana de la Lengua, Academia Chilena de la Lengua, Academia Peruana de la Lengua, Academia Guatemalteca de la Lengua, Academia Costarricense de la Lengua, Academia Filipina de la Lengua Española, Academia Panameña de la Lengua, Academia Cubana de la Lengua, Academia Paraguaya de la Lengua Española, Academia Boliviana de la Lengua, Academia Dominicana de la Lengua, Academia Nicaragüense de la Lengua, Academia Argentina de Letras, Academia Nacional de Letras del Uruguay, Academia Hondureña de la Lengua, Academia Puertorriqueña de la Lengua Española y Academia Norteamericana de la Lengua Española.

I

Ortografía de las letras y las palabras

Ortografía práctica del español

Instituto Cervantes

§ I.1 Necesidad de la ortografía

■ Escribir sin faltas de ortografía, separando bien las palabras, poniendo la letra y la tilde adecuadas a cada caso, las tildes, etc., es siempre señal de pulcritud mental. Además, las personas que escriben con faltas de ortografía, con desaliño en la separación de las palabras, sin tildes, etc., aparecen como incultas o semianalfabetas. Por otra parte, hoy por hoy, la escritura correcta supone prestigio social y un buen aval para encontrar un trabajo digno.

■ Se podría pensar en eliminar las tildes, reducir a una aquellas letras que representan un solo sonido, como *b, v,* y *w; c, z* y *s; g* y *j; i* e *y; y* y *ll* (para los yeístas); *r* y *rr; c, qu* y *k,* eliminar la *h,* que no representa a ningún sonido, escribir *s* en vez de *x,* etc. Sin embargo, tal posibilidad debe descartarse por las siguientes razones: se desvirtuaría la identidad e idiosincrasia de nuestra lengua; la tradición es también cultura que debemos preservar; la unidad del español correría peligro, pues sería muy difícil que tal revolución ortográfica fuera aceptada sin problemas en todo el ámbito hispánico; y, por último, implicaría conflictos graves para la lectura y comprensión de los textos, al menos entre dos generaciones.

■ Así pues, lo aconsejable es aprender a escribir respetando las normas ortográficas actuales, lo que se consigue, más que con un aprendizaje molesto y pesado de algunas reglas que pululan por los manuales de ortografía, con la afición a la lectura desde una edad muy temprana (3 ó 4 años) del niño.

§ I.2 El abecedario (o alfabeto) del español

2.1 Las letras del español

■ Estas son, según las Academias de la Lengua Española, las 29 letras del español, que se relacionan a continuación con sus respectivas grafías mayúscula y minúscula:

A a, B b, C c, Ch ch *(che)*, D d, E e, F f, G g, H h, I i, J j, K k, L l, Ll ll *(elle)*, M m, N n, Ñ ñ, O o, P p, Q q, R r, S s, T t, U u, V v, W w, X x, Y y, Z z.

2.2 Aclaraciones sobre las letras del español

■ Las Academias han mantenido en el abecedario las combinaciones *ch* y *ll* como letras (con los nombres respectivos de *che* y *elle*). Sin embargo, a pesar de ser esta la tradición que, como se ve, las Academias han querido mantener, lo lógico hubiera sido que desaparecieran del alfabeto, pues el hecho de que representen un solo sonido respectivo [ch] y [ll] no justifica que sean letras. Se trata de **dígrafos,** o sea, de combinaciones de dos letras (*c* y *h, l* y *l*). De hecho, las Academias adoptan una postura ambigua, pues mientras consideran letras a tales combinaciones, las entienden como dígrafos en la ordenación alfabética de sus diccionarios. Por otra parte, no se entiende bien que *ll* se considere letra y no se haga lo mismo con *rr* (llamada a veces *erre doble*). En realidad, son muchos los diccionarios no académicos que ya hace tiempo venían ordenando sus palabras con *ch* en la *c* y las palabras con *ll* en la *l,* entendiendo que *ch* y *ll* no eran letras.

■ La letra *b* se conoce en España con el nombre de *be,* pero en otros sitios se llama también *be alta* y *be larga.* En cuanto a *v,* llamada normalmente *uve,* también se llama *ve baja* y *ve corta.* Por su parte, *w,* llamada normalmente *uve doble,* en algunas zonas de América se conoce como *ve doble* y *doble ve,* y *z* se conoce como *ceta* o *ceda,* y también como *zeta* o *ceta.*

■ La letra *q* se llama *cu.* Lo normal en español es que aparezca con una *u,* que no se pronuncia (*quiero, queso…*). Solo algunas palabras extranjeras se escriben con *q* (sin la *u*), como *Qatar* (*Katar), *qatarí* (también, y preferible, *catarí*), *Iraq* (también *Irak*). Son así mismo muy pocas las palabras en que esa *u* se pronuncia, como en *quásar* (pl.: *quásares*) (también se admiten las formas con *c: cuásar, cuásares*), *quark* (pl.: *quarks*) o las palabras y expresiones latinas *quadrívium* (también, y preferible, *cuadrívium*), *quórum, statu quo, sine qua non, quid, quáter* ('cuatro veces').

■ También la letra *g* se acompaña de una *u,* que no se pronuncia *(guitarra, guerra).* Cuando las letras *q* y *g* van seguidas de *u* sin que esta vocal se pronuncie, debemos hablar de **dígrafos.**

■ En los dígrafos *ch* y *ll,* cuando se escriben como mayúscula inicial, solo aparecerá con esta grafía la primera letra de las dos: *Ch* y *Ll;* la segunda siempre es minúscula, salvo que escribamos con caracteres mayúsculos toda la palabra en la que se encuentran.

§ I.3 Ortografía de las letras *b, v* y *w*

3.1 Aspectos generales

■ Las letras *b* y *v* representan en el español actual el mismo sonido [b]; por tanto, es error tratar de pronunciar la *v* como se hace en francés y otras lenguas (con un sonido parecido al de la *f)* lo que, en español, se considera pedante y afectado. Por tanto, no hay diferencia en la pronunciación de *b* en una palabra como *beber,* y *v* en otra como *vivir.*

■ Algunos pares de palabras, pronunciados igual, se diferencian en la escritura: *baca/vaca; basto/vasto; nobel/novel; cabo/cavo,* etc.

■ La letra *w* se pronuncia como [b] en palabras de origen germánico, como *wolframio, wólfram, Wágner…,* y como [u] átona dentro de un diptongo en palabras de origen anglosajón, como *web, waterpolo, wéstern,* o *Wáshington* y *washingtoniano.*

ⓘ **La *w* ha sido reemplazada por *v* en muchas palabras incorporadas al castellano: *váter* (también *wáter,* usada en zonas de América con pronunciación [uáter]), *vagón, vals, vatio* o *volframio* (también *wolframio*); en raras ocasiones, también por *b: bismuto.*

ℹ Por su parte, las voces inglesas *whisky* **o** *whiskey* **han sido castellanizadas por las Academias como** *güisqui* **(de ahí también el sustantivo derivado** *güisquería***) y la palabra** *sandwich* **ha quedado en español como** *sándwich* **(pron.: [sángüich]).**

■ La mayoría de las palabras que en español se escriben con *b* adoptan esta letra porque en su lengua de origen, sobre todo el latín, se escribían con esta misma consonante: *bibere > beber; habere > haber,* etc. También se escriben con *b* las palabras que tenían en latín una *p* entre vocales y cuya evolución terminó dando *b: capere > caber; sapere > saber; caput > cabo,* etc.

■ La mayor parte de las palabras que en español se escriben con *v* es porque en su lengua de origen, sobre todo el latín, también se escribían con esta misma consonante: *levis > leve; virginem > virgen; brevis > breve...*

■ En el español medieval, se distinguía la pronunciación de *b* de la de *v;* la primera con los labios cerrados en el primer momento de la pronunciación y la segunda sin cerrar del todo los labios, de manera que el aire saliera rozando entre ellos. Posteriormente, esa diferencia, que hacía que se distinguieran palabras como *cabo* y *cavo,* desapareció y las dos letras quedaron para representar un solo sonido; de ahí que se dieran casos de confusión que explican que algunas palabras que tenían *b* en latín pasaran al castellano con *v,* y viceversa. Así, *verrere > barrer; versura > basura; vota > boda; advocatus > abogado; viridia > berza; mirabilia > maravilla; vulturem > buitre,* etc. Pero, insistimos, estos casos son excepciones.

▒ 3.2 Algunas orientaciones para escribir *b* o *v*

3.2a Se escriben con *b*

■ Todos los verbos acabados en *-bir: escribir, concebir, recibir, sucumbir, subir, exhibir, cohibir, prohibir, inhibir,* etc.

ℹ Se exceptúan *hervir, servir* **y** *vivir* **(y sus prefijados:** *revivir, convivir, pervivir...***).**

■ Todos los verbos acabados en *-buir*: *retribuir, contribuir, imbuir…*

■ Las terminaciones de los pretéritos imperfectos de indicativo de los verbos de la primera conjugación: *cantaba, andabais, volábamos, cavaba*, etc.

■ Las formas del verbo *ir*: *iba, ibas, ibais, íbamos, iban*.

■ Las palabras formadas con los prefijos *bi-, bis-* o *biz-*: *bisabuelo, bipolar, bizcocho, bisnieto o biznieto, bisexual, bípedo, binomio, bimensual, biunívoco, bisílaba*, etc.

■ Las palabras con el elemento compositivo de origen griego *bio-, -bio* ('vida'): *biología, biodiversidad, microbio, biografía, biosfera o biósfera, anfibio*, etc.

■ Las palabras que tienen sílabas acabadas en **b**, ya sea en el interior de la palabra (*ab-dicar; ob-cecar; ob-vio, ab-solver; ob-servar; ob-tener; sub-rogar; sub-repticio*, etc.), ya sea al final de ella *(esnob, club)*.

ℹ Excepción: la palabra *ovni*, por tratarse de una sigla lexicalizada, en la que aparece la **v** de *volador* ('objeto volador no identificado').

■ Las palabras que tienen los grupos consonánticos **br** o **bl** en la misma sílaba: *breve, sublime, cobre, biblioteca, sembré*, etc.

■ Las palabras acabadas en *-bundo(-a)*: *vagabundo, meditabundo*, etc.

■ Las palabras acabadas en *-bilidad*, derivadas a su vez del sufijo *-ble*: *amable > amabilidad; posible > posibilidad; contable > contabilidad*, etc.

ℹ Excepto *movilidad* y *civilidad*, que se escriben con **v** porque no guardan relación con el sufijo *-ble;* y *habilidad* se escribe con **b** porque esta letra pertenece a la raíz de *hábil*.

■ Las palabras de la familia léxica del latín *album* ('blanco'): *albino, alba, alborada, albor, enjalbegar, albúmina, álbum, albumen, albura, alborear, alborecer, albar, albo*, etc.

3.2b Se escriben con *v*

■ Las palabras en las que la *v* va precedida de las sílabas *ad-*, *sub-* y *ob-*: *advenimiento, subvertir, obvio*, etc.

■ Las palabras prefijadas con *vice- (viz-, vi-): vicerrector, vizconde, virrey*.

■ Los adjetivos acabados en *-avo(-a), -evo(-a), -eve, -ivo(-a): octavo, eslavo, noveno, longevo, breve, leve, nutritivo, paliativo*, etc.

■ Las palabras de la familia léxica de *devorar: voraz, vorágine, carnívoro, omnívoro, herbívoro, insectívoro*.

■ Las formas del verbo *ir* que tienen este sonido: *voy, ve, vamos, vaya, vas, vais...*

ⓘ Excepto las del pretérito imperfecto de indicativo: *iba, ibas*, etc.

■ Las formas de los verbos *estar, andar, tener* (y sus compuestos) que presentan este sonido: *estuve, estuviera, anduvo, anduviera, anduviere, tuvo, tuve, tuviera, mantuve, contuve, retuvo, retuviera, atuvo*, etc.

ⓘ Excepto las del pretérito imperfecto de indicativo de *estar* y *andar: estaba, andabas*, etc.

📩 **Observaciones**

▶ En español hay un prefijo *bi-* ('dos', 'dos veces': *bimotor*) y otro *vi-* ('en lugar de'), variante de *vice- (virrey)*.

⬛3.3 Otros aspectos sobre la ortografía de *b* y *v*

3.3a Palabras que suenan igual (homófonas) pero se escriben de forma diferente (no homógrafas)

■ Dada la igualdad de sonido entre *b* y *v*, es frecuente la confusión entre pares de palabras como las que se relacionan a continuación:

acerbo, -a ('áspero, -a')	*acervo* ('montón de cosas menudas')
baca ('utensilio para coche')	*vaca* ('clase de animal')
bacía ('utensilio del **b**arbero')	*vacía* ('sin contenido')

bacilo ('tipo de **b**acteria')	*vacilo* (de *vacilar*)
balido ('voz de la oveja')	*valido* ('primer ministro')
barón ('clase de título nobiliario')	*varón* ('hombre')
basto ('tosco', 'grosero')	*vasto* ('extenso')
bello ('hermoso')	*vello* ('pelo corto y suave')
bobina ('carrete de hilo')	*bovina* ('del toro o de la vaca': de *bovem* > *buey*)
botar ('dar **b**otes', 'arrojar')	*votar* ('dar un **v**oto')
combino (de *combinar*)	*convino* (de *convenir*)
grabar ❶ ('fijar profundamente', 'almacenar imágenes o sonidos')	*gravar* ❶ ('cargar impuestos u otras cosas')
había (de *haber*)	*avía* (de *aviar*)
nobel ('tipo de premio')	*novel* ('novato')
rebelar(se) ('sublevarse')	*revelar* ('mostrar')
recabar ('conseguir algo con súplicas')	*recavar* ('volver a cavar')
sabia ('que sa**b**e mucho')	*savia* ('líquido de las plantas')

❶ **Distínganse, pues, derivados como *grabadura*, *grabación*, *grabado* [un] de otros como *gravamen*, *grave*, *gravoso*, *gravedad*, *desgravar*, *desgravación*, etc.**

3.3b Consejos

■ A continuación se ofrecen ejemplos de palabras que se escriben con ***b,*** con cuya grafía es conveniente familiarizarse para no cometer errores:

deber (y toda su conjugación)
beber (y toda su conjugación)
caber (y todas las formas de su conjugación
   que la contengan: *cabían, cabrán, cabido…*)
saber (y todas las formas de su conjugación
   que la contengan: *sabían, sabrán, sabido…*)
haber (y todas las formas de su conjugación
   que la contengan: *había, hubo, habrá…*)
probar (toda su conjugación y las palabras de su
   familia: *probatura, aprobar, aprobado, prueba…*).

■ También presentan a veces problemas algunas palabras que llevan **v:**

convocar (y *convocatoria*)
revocar (y *revocación, revoco, revoque*)
invocar (e *invocación, invocatorio*)
desconvocar (y *desconvocatoria*)
evocar (y *evocación, evocador*)
provocar (y *provocación, provocador, provocativo* ❶)
anverso y *reverso, envés* y *revés, enrevesado*
avispa
cóncavo, concavidad, convexo
convidar (y todas sus formas)
invitar (y todas sus formas)
converger (y todas sus formas), *convergencia*
convoy, convoyes
depravar (y todas sus formas)
devastar (y todas sus formas)
divagar (y todas sus formas)
divergir (y todas sus formas), *divergencia*
extravagante
jovial, jovialidad
novel, novato, novatada
ovino, párvulo, parvulario
precaver (y todas sus formas)
prever (y todas sus formas)
proveer (y todas sus formas: *proveyó, proveyendo…*)
recoveco
saliva, salivazo
vagar (y todas sus formas), *vago, vagabundo, vacación*
vaivén, vajilla, válvula, vaticinar (y todas sus formas)
veleta, vendaval, ventisca, vereda, verruga
verter (y todas sus formas), *vertido, versión*
vesícula, vespertino, vestigio, viceversa, visera, voluble
vulgar (y todas sus formas), *vulgo, divulgar*, etc.

---

❶ **Puede ayudar a recordar la ortografía correcta saber que esta palabra y las precedentes son de la familia de *voz*, como también: *vocativo, unívoco, univocidad, vociferar(-ación), vocación, vocablo*.**

3.3c Curiosidades

■ Las Academias admiten pares de palabras, con *b* y *v* pero siempre con preferencia de una de las del par que, en la tabla siguiente, pueden verse en la columna de la izquierda:

endi*b*ia	endi*v*ia
*b*oceras (de *b*oca)	*v*oceras (de *v*oz)
ce*b*iche (o se*b*iche)	ce*v*iche (o se*v*iche)
Ser*b*ia, ser*b*io	Ser*v*ia, ser*v*io
*b*argueño	*v*argueño
cha*b*ola	cha*v*ola (en desuso)
a*b*re*v*ar	a*b*re*b*ar (en desuso)

■ Otras formas suelen provocar vacilaciones ortográficas por llevar *b* y *v* en la misma palabra, como las que siguen:

ad*v*er*b*io(-al), *b*ené*v*olo(-encia), *b*óveda, *b*reviario, *b*ule*v*ar, her*b*í*v*oro, re*v*er*b*erar(-ación), *v*aga*b*undo, *v*er*b*ena, *v*estí*b*ulo, *v*í*b*ora, *v*oca*b*ulario, *v*er*b*o(-al), *v*er*b*igracia, *v*er*b*orrea, *v*er*b*alizar.

■ Algunas palabras suenan de forma parecida pero no igual (parónimas) y se escriben de una manera diferente en lo que se refiere a *b* y *v:*

a*b*sor*b*er ('aspirar')	a*b*sol*v*er ('dar por libre')
a*b*eja	o*v*eja
*b*ucal (de *b*oca)	*v*ocal (de *v*oz)
li*b*ido ('deseo sexual')	lí*v*ido, -a ('amoratado, -a o 'pálido, -a)'
hi*b*ernar	in*v*ernal
a*b*ocar	e*v*ocar

ℹ️ Conviene tener en cuenta tanto las conjugaciones respectivas como los vocablos de sus familias léxicas: *absorbió, absorbente, sorber, sorbo, sorbete/absolución.*

☑ OBSERVACIONES

▶ Los grupos **br** y **bl** se pronuncian:

• en la misma sílaba: *bre-ve* o *su-bli-me*

• o en sílabas distintas: *sub-ra-yar, sub-rep-ti-cio, sub-li-mi-nal* o *subliminar* (o *sub-li-mi-nar*).

Hoy no es infrecuente oír también *su-bra-yar, su-brep-ti-cio* y *su-bli-mi-nal*, pronunciaciones que conviene evitar.

▶ Las palabras de las familias léxicas siguientes pueden escribirse también con **bs,** recordando su etimología, pero hoy su uso no es frecuente y, aunque válido, es poco recomendable *(obscuro, subs-tancia, substituir, substraer, subscribir)*:

• *oscuro* (oscuridad, oscurantismo, oscurecer, oscuridad...)

• *sustancia* (sustancioso, sustantivo...)

• *sustituir* (sustituto, sustitución...)

• *sustraer* (sustracción, sustrayendo, sustraje...)

• *suscribir* (suscriptor, suscribió, suscripción, suscrito —o sus-cripto—, suscribe...).

▶ Distínganse las formas *cantaba, andaba...* de otras acabadas con *-ava*, pero que no son pretéritos imperfectos: *lava, deslava, cava, socava.*

§ I.4 Ortografía de la letra *h*

4.1 Aspectos generales

■ La letra **h** en español puede aparecer tanto en posición inicial de palabra **(h-)** como, intercalada **(-h-)** y final **(-h,** ▶ § I.4.3c).** Actualmente es una letra muda, es decir, no representa ningún sonido.

4.1a La *h* en posición inicial *(h-)*

■ Se pronuncia con una aspiración en alguna palabra que procede de otra latina que, en esa misma posición, tenía una *f.* Esta pronunciación era normal en castellano antiguo, pero fue desapareciendo paulatinamente, y solo se ha mantenido, como rasgo dialectal (que no se considera ni normativo ni culto, excepto en *cante hondo*) de algunas zonas como Andalucía, Extremadura, Canarias y América.

❶ Se admite la aspiración de la **h-** en algunas palabras extranjeras adaptadas al castellano:

• *Sáhara* —que se pronuncia [sájara]— (también es válida la forma llana y no aspirada *Sahara*), *saharaui, sahariano, sahárico* (para estas tres, también es válida la pronunciación sin aspiración)

• *Hárlem, Hanói, Honolulu/Honolulú*

• *Hawái* y *hawaiano*

• *Hégel* y *hegeliano* (en las que, además, la sílaba *ge* se pronuncia como [gue])

• *hámster, hándicap, hachís*

• *Hítler* y *hitleriano*

• *Hong Kong* y *hongkonés*

• *hachemí, hachemita.*

■ Por otra parte, algunas palabras con **h** aspirada han terminado por escribirse con **j**: *jipi* y *jipismo*, y *jóquey* (de *hockey*) (castellanizadas así recientemente por las Academias de la Lengua). Pero ya antes se formaron de esta manera palabras como:

jamelgo (de *famelicum*, 'hambriento')
jolgorio (de la familia de *folgar*, 'holgar')
juerga (de *follica*, 'huelga')
jondo [cante] (también *hondo*, pronunciado con aspiración)

■ Otras veces una **h-** inicial ha dado también **j-** en la escritura, sin que intervenga ninguna **f-**: *jalar* (al lado de *halar*) < fr. *haler; jalear* < ¡*hala*! (onomatopeya).

■ La **h-** procede de:

• palabras que ya en latín llevaban **h-**: *hominem* > *hombre; humerum* > *hombro; herbam* > *hierba; hoc anno* > *hogaño* ('en este año')

• palabras que en latín llevaban **f-**: *faminem* > *hambre; farctum* > *harto; facere* > *hacer; farinam* > *harina; filium* > *hijo; fibram* > *hebra*

• palabras griegas que tenían espíritu áspero (que se pronunciaba como una aspiración): *hedonista, helio...*

• la aspiración de la palabra árabe originaria: *harén* (o *harem*), *hasta, hansa*

- palabras de procedencia germánica: *hermano* procede de la palabra germánica latinizada '*germanum*', y *hielo* (así como las de su familia léxica: *helar, helado…*) de *gelum*

- las lenguas amerindias: *hamaca*

- el inglés: *hurra*.

ⓘ A veces esta *h-* se ha perdido por completo: *invierno* (del latín *hibernum*), *alacena, ermita, ermitaño*.

ⓘ Otras veces está en proceso avanzado de desaparición, ya que sus formas alternativas con *h-*, aunque aceptadas, son de poco o nulo uso actualmente: *arpa, armonía* (y toda su familia léxica: *armonizar, armónico, armonio, armonioso…*), *arpía, arpillera, ogaño*.

4.1b La *h* intercalada *(-h-)*

■ Siempre es muda, nunca se pronuncia.

■ La -*h*- procede de:

- su uso en esa posición ya en latín: *exhausto, exhaustivo, adherir* (y su familia: *adhesión, adherencia, adhesivo, inherente, coherente*), *inhibir, cohibir, prohibir, exhibir, inhumar, exhumar, exhortar, exhalar, exhalación, inhóspito*, etc.

- haberse puesto un prefijo a la palabra base que empieza por *h-*: *rehacer, deshacer, cohabitar, deshabitar, sobrehilar, enhebrar, contrahecho, ahormar…*

- de *f-*, aunque no sea inicial en latín, donde ya llevaba un prefijo o un falso prefijo: *cohecho < confectum; rehuir < refugere; dehesa < defensa; desahuciar < dis(a)fiduciare; sahumerio y sahumar < suffumare; rehusar < refusare, enhiesto < infestus…*

- el árabe, a cuya raíz se unió el artículo árabe *al-*: *alhaja, alhamar, alharaca, alhelí* (también *alelí*), *alheña, alhóndiga…*

- de la unión de varias palabras latinas: *ahora* proviene de la evolución de *hac hora > agora* ('en esta hora').

ℹ Algunas palabras que en latín llevaban -*h*- la han perdido en castellano:

• *aborrecer* < *abhorrere*

• *comprender* < *comprehendere:* La forma *comprehender* se usa en el ámbito de la filosofía, y han quedado sus derivados *comprehensivo* (también *comprensivo*)

• *aprender* < *aprehender:* También se conserva *aprehender*, con su derivado *aprehensivo* (que, a su vez, tiene su doble sin -*h*- *aprensivo*), pero con significados distintos.

▪ 4.2 Algunas orientaciones para la escritura correcta de *h*

4.2a Se escriben con *h*-

■ Las formas de los verbos *hacer, haber, hallar.*

■ Las palabras que empiezan por diptongo creciente: *hierba, hiedra, huevo, hiena, hiato, huir, huérfano, hueco, huésped…*

■ Las palabras encabezadas por los elementos prefijales o compositivos siguientes:

Prefijos	Ejemplos	Prefijos	Ejemplos
hecto-	hectómetro	hidra-	hidráulico
helio-	heliocéntrico	hidro-	hidrómetro
hema-	hematoma	higro-	higrómetro
hemato-	hematocrito	hiper-	hipermercado
hemo-	hemoglobina	hipo-	hipotenso
hemi-	hemiciclo	holo-	hológrafo
hepta-	heptasílabo	hom(e)o-:	homeopatía/
hetero-	heterosexual		homógrafo…

■ Las palabras de la familia léxica del latín *hospitem: huésped, hospedaje, hospedería, hospital, hostal, hospedar, inhóspito, hospitalizar, hospitalario.*

4.2b Se escriben con -*h*-

■ Las palabras que llevan el diptongo -*ue*- precedido de vocal: *cacahuete, vihuela, aldehuela, alcahuete(-a), ahueca…*

■ Las palabras que llevan *h-* en la raíz precedida de un prefijo: *cohibir, deshilachar, deshilar, deshielo, enhebrar, exhibir, exhumar, inhibir, inhumar* (del latín *humus,* 'tierra'), *prehispánico, prehistoria, prohibir, prohijar, rehacer, rehilar, rehilete,* etc.

▄▄▄ 4.3 Otros aspectos sobre la ortografía de la *h*

4.3a Palabras que suenan igual (homófonas) pero se escriben de forma diferente (no homógrafas)

La característica general de la letra *h* de no tener sonido en español hace que en la lengua se encuentren pares de palabras que se pronuncian exactamente igual, pero que son diferentes tanto en sus respectivas grafías como en sus significados. A continuación puede consultarse una relación de palabras de este tipo, con las que conviene familiarizarse por ser fuente de muchos problemas ortográficos (en algunas de ellas se da también la confluencia en los sonidos de la *b* y la *v* vistos anteriormente):

• Con *h-* inicial:

ha (de *haber*)	*a* (preposición)
había (de *haber*)	*avía* (de *aviar*)
habría (de *haber*)	*abría* (de *abrir*)
hala (interjección y de *halar*)	*ala* (sustantivo)
hasta (preposición)	*asta* ('cuerno', 'palo de bandera')
hatajo ('grupo de ganado' y despectivo: 'grupo de personas o cosas')	*atajo* ('senda' y de *atajar.* También se usa por *hatajo,* aunque es preferible la forma etimológica con *h.*)
hato ('grupo de ganado' y 'envoltorio de ropa y objetos personales')	*ato* (de *atar*)
haya (de *haber* y 'tipo de árbol y su madera')	*aya* ('niñera')

hecho (participio de *hacer* y sustantivo)	*echo* (de *echar*)
herrar ('poner herraduras')	*errar* ('equivocarse' y 'vagar')
himplar ('emitir la pantera su voz natural')	*implar* ('inflar', 'llenar')
hizo (de *hacer*)	*izo* (de *izar*)
hojear ('pasar hojas')	*ojear* ('echar un vistazo')
hola (interjección)	*ola* (sustantivo)
honda ('profunda' y 'artilugio para arrojar piedras')	*onda* (de mar, del pelo, de la radio…)
hondear ('disparar con honda')	*ondear* ('moverse formando ondas')
hora ('unidad de tiempo')	*ora* (de *orar* y conjunción: *ora…ora*)
huso ('instrumento para hilar' y 'huso horario')	*uso* (de *usar* y sustantivo sinónimo de 'empleo')

• Con **-h-** intercalada:

deshecho (participio de *deshacer*)	*desecho* (de *desechar* y 'sobras', 'desperdicios')
deshojar ('quitar hojas')	*desojar* ('quedarse sin vista')
rehusar ('no querer algo')	*reusar* ('volver a usar')

4.3b Consejos

■ No es infrecuente escribir la palabra *hincapié* sin **h**. Para no caer en el error, piénsese en el verbo *hincar,* que está en su composición.

■ Con frecuencia se escribe incorrectamente **deshaucio(-ar).* La **h** debe ir entre **a** y **u,** ya que procede de la **f** latina de *fiduciam* ('confianza'), palabra que lleva dos prefijos: *dis+a+fiduciare* > *desahuciar.*

■ Hay quienes escriben indebidamene una **h** intercalada en las palabras *exuberante* y *exuberancia*. Se evita el error si sabemos que tales palabras unen el prefijo *ex-* a una base latina *uber* (sin **h**), que da en castellano otras palabras de la misma raíz: *ubre, ubérrimo.* También se ve escrita a veces una *h* intercalada en *exorbitante.* Es palabra formada con *ex-* y *órbita;* por tanto, sobra la *h.* Tampoco llevan *h* intercalada las palabras: *transeúnte, incoar, coacción, coartar, toalla, meollo.*

■ Algunos escriben *ilación* con *h* porque creen ver una relación con *hilo;* no es correcto: mientras que *hilo* procede de *filum, ilación* deriva de *illatio.* De la misma manera, la palabra *acción* nada tiene que ver con *hacer* (procede del latín *facere*), sino que deriva del latín *actionem,* por lo que no lleva *h.*

■ Las palabras *inhumar, exhumar* y *trashumancia(-ante)* llevan *h* intercalada porque sus prefijos respectivos se han unido a la palabra latina *humus* ('tierra'); nada tienen que ver con el latín *fumus > humo,* como a veces se cree.

■ Aparece con frecuencia la forma *echo de menos* con *h;* es un craso error, pues se trata de la locución *echar de menos* y no de la de *hacer de menos,* cuya forma correspondiente sería *hago de menos.*

■ Es frecuente ver escrito el sustantivo *desecho(s)* con *h.* Es un error. *Ser alguien un desecho,* o *echar los desechos a la basura* solo puede tener que ver con *desechar* y no con *deshacer.*

■ Como queda dicho, el verbo *errar* se escribe sin *h* tanto cuando significa 'equivocarse' como cuando significa 'andar vagando'; de este último significado derivan *errante, errabundo, errático;* y del primero, *error, yerro, erróneo, errata.*

■ Un buen recurso para no cometer faltas de ortografía con las letras (en este caso, con la *h*) es el de pensar en otras palabras de la misma familia léxica, siempre que esta exista. Veamos algunas:

• En todas las palabras siguientes está presente (más o menos oculto) el significado de 'pegar' (de 'pegamento'): *adherir, adhesión, adhesivo, adherente, adherencia, cohesión, coherente, coherencia, cohesionar, inherente, inherencia.*

• En las que siguen, el significado de 'tierra' (< *humus*): *exhumar, exhumación, inhumar, inhumación, trashumar, trashumante, trashumancia.*

• Las siguientes comparten la idea de 'agotar': *exhausto, exhaustivo.*

• En las siguientes subyace el significado del verbo latino *habere* ('tener'): *prohibir, prohibición, prohibitivo, cohibir, inhibir, inhibición, exhibir, exhibicionista, exhibición,* etc.

• Y en las siguientes, el significado de 'hierro': *hierro, herraje, herramienta, herrar, herrumbre, herradura, herrador, herrero, herrería, herrumboso.*

4.3c Curiosidades

■ Las Academias admiten pares de palabras, con **h** y sin ella, o con la **h** en distinto lugar, pero siempre con preferencia de una de las del par que, en la tabla siguiente, pueden verse en cursiva:

albahaca	albaca
alhelí	alelí
barahúnda	baraúnda
comprehensivo	*comprensivo*
¡eh!	¡he!
¡hala!	¡alá!
¡harre!	*¡arre!*
harrear	*arrear*
harriería	*arriería*
harriero	*arriero*
hiedra	yedra
hierba (hierbajo, hierbabuena…)	yerba (yerbajo, yerbabuena…)
hogaño	ogaño
hológrafo	*ológrafo*
¡huf!	*¡uf!*
¡huy!	¡uy!
maharajá	marajá
maharaní	marajaní
Nueva Delhi	Nueva Deli

rehala	reala
reprehender	*reprender*
reprehensión	*reprensión*
sabihondo(-ez)	*sabiondo(-ez)*

■ La *h* aparece en posición final de palabra únicamente en algunas interjecciones: ¡bah!, ¡eh!, ¡ah!, ¡oh!

■ Las Academias han mantenido la *h* en la palabra castellanizada *alzhéimer*.

🗌 OBSERVACIONES

▶ La forma *ha*, en estructuras del tipo *Veinte años ha que no te veo; Tiempo ha que ocurrió*, pertenece al verbo *haber* y no, como a veces se cree, al verbo *hacer*.

▶ Aunque las palabras *hueco, huérfano, hueso, huevo, huelo (-es, -es, -en, -a…), Huesca, Huelva* llevan *h* por ir seguidas de diptongo creciente, los demás vocablos de la misma familia léxica sin diptongo no la llevan: *oquedad, orfandad, orfanato, osamenta, osario, óseo, ovario, oval, óvalo, ovular, olor, oloroso, oscense, onubense.* La razón es que las palabras de las que proceden se escriben sin *h-* (*ovum* > *huevo; os* > *hueso; orphanum* > *huérfano; occa* > *hueco; oleo* > *huelo…*).

▶ La *h-* de las palabras mencionadas se debe al hecho de que la *u* del diptongo no se pronunciara como [b], pues antiguamente la letra *u* podía reproducir el sonido [u] o el sonido [b]; así, la palabra *vino* se podía escribir *uino* o *vino;* y la palabra *uno*, como *uno* o como *vno*. Precisamente para que no se leyera [bebo] (escrito *uevo*), se puso la *h-*, de forma que la *u* solo podía ser una vocal. No es el mismo caso que el de aquellas palabras con *h* delante de *-ue-* y también con *h* en los derivados correspondientes, pues la etimología llevaba ya hache: *hospitem* > *huésped* (y *hospital, hostal, hospedaje…*).

▶ Las palabras *hierba* (también sus derivados: *hierbabuena, hierbaluisa, hierbajo, hierbezuela…*) y *hiedra* pueden escribirse, y es correcto, con *y: yerba, yerbezuela…, yedra;* no ocurre lo mismo con palabras como *hielo* o *hierro* (esta última podría confundirse con *yerro*, 'error').

§ Ortografía de las letras *g* y *j*

5.1 Aspectos generales

■ En el español actual, la letra *j* representa un sonido como el que hay en *jarro,* y puede preceder a cualquier vocal: *jarro, jota, jilguero, jefe, juez.*

■ La letra *g* representa este mismo sonido únicamente cuando va seguida de las vocales *e* o *i: gente, gitano* (de ahí que cuando en un verbo el sonido [j] va seguido de estas vocales, se escriba *g,* pero cuando las vocales que siguen son *a, o,* la letra será *j: coger, coge* pero *cojo, coja*). Cuando va seguida de las vocales *a, o, u* (con pronunciación de esta vocal), el sonido es como el que hay en *guapo, garra, gotera.* Si queremos reproducir este sonido delante de las vocales *e, i,* es obligado añadir una *u,* que no se pronuncia, a la *g,* de forma que en estos casos tenemos el dígrafo *gu: guerra, guitarra.* Y si queremos mantener este mismo sonido y que se pronuncie la *u* que va delante de *e* o *i,* es obligado poner la diéresis (¨) en la *u: lengüeta, lingüista.* Está claro, entonces, que, si se pronuncia la *u* pero las vocales siguientes son *a, o,* **nunca** se pone diéresis: *lengua, lenguaje, menguo.*

■ Conviene saber que el sonido de [j] apareció en castellano a fines del siglo XVI; hasta entonces, lo que teníamos era un sonido como el que representa la *ch* francesa en, por ejemplo, *chambre,* y otro sonido parecido al que representan la *g* o la *j* francesas en, por ejemplo, *gendre* o *je.* Cuando el sonido de [j] se impone en castellano, las letras que lo representan son la *g,* la *j* y la *x.* Así, se escribió *mujer* o *muger* (para *mujer*) y *dixo* (para *dijo*).

ⓘ Como recuerdo del uso de la letra *x* para el sonido [j], tenemos todavía hoy esa *x* en *México, mexicano, Texas, texano, Oaxaca, oaxaqueño,* que <u>deben pronunciarse</u> como si se escribieran con la letra jota y <u>nunca</u> como [ks].

■ La letra *x* que representaba el sonido de [j] se mantuvo hasta principios del siglo XIX, pero pronto quedó solamente para representar los sonidos [ks]. De esta forma, el sonido de [j] pasó a ser representado o por la letra *j* o por la letra *g,* tal y como se ha explicado más arriba; y la letra *g* pasó a representar, además, el sonido de [gue]. Así pues, la letra *g* representa hoy dos sonidos: el de [j] *(gente, coger…)* y el de [gue] *(gato, guapo, pingüino)*, que también está representado por el dígrafo *gu: guerra, guiso.*

■ Las palabras que llevan *g* para representar el sonido de [j] suelen proceder de:

• palabras latinas que ya llevaban esta letra: *genus > género; gentem > gente; ingerere > ingerir…*

• palabras extranjeras: *géiser* (del islandés), *mánager* (del inglés), *ginebra* (del francés), *gilí* y *gilipollas* (del caló).

■ Sin embargo, las que se escriben con *j* proceden de:

• formas latinas diferentes:

• de *li* y vocal: *muliere > mujer*

• de *s-: siringa > jeringa*

• de *-s-: inserere > injerir*

• de *x: texere > tejer*

• palabras extranjeras: *jersey* (del inglés), *jefe* (del francés), *jenízaro* (del italiano), *jeque* (del árabe), *jerarca* (del griego), *jícara* (del nahua), etc.

5.2 Algunas orientaciones para escribir correctamente *g* y *j* delante de *e, i*

5.2a Se escriben con *g*

■ Todos los verbos acabados en *-ger, -gir,* excepto *tejer* y *crujir* (y sus formas prefijadas): *proteger, corregir, fingir, coger, cogía, fingió,* etc.

■ Todas las palabras acabadas en *-logía* y *-lógico, -gogía* y *-gógico, -gogia: filología, filológico, pedagogía, pedagógico, demagogia, demagógico,* etc.

■ Las palabras que terminan en el elemento compositivo -algia: *neuralgia, cefalalgia,* etc.

■ Las que comienzan por el elemento compositivo *geo-: geometría, geología, geodésico,* etc.

5.2b Se escriben con *j*

■ Las palabras acabadas en *-plejia* o *plejía* y *-pléjico(-a)*: *apoplejía, tetraplejia, hemipléjico(-a),* etc.

■ Las palabras derivadas de voces que presentan una *j* delante de las vocales *a, o, u*: *cajero, majete, ojeras, rojizo, cojera, cajista,* etc.

■ Las palabras acabadas en *-aje*: *garaje, patinaje, rodaje, coraje, colaje, bricolaje, reciclaje, golaveraje.*

> ❶ **Se exceptúan las voces *ambages, enálage* e *hipálage*.**

■ Las palabras acabadas en *-jero* y *-jería*: *extranjero, extranjería; cerrajero, cerrajería; conserjería; relojero, relojería,* etc.

■ Las formas de los verbos acabados en *-jar, -jear*: *trabaje, rebajé, encajéis, homenajeo, lisonjeáis,* etc.

■ Las que corresponden a los pretéritos indefinidos, pretéritos imperfectos de subjuntivo y futuros de subjuntivo de los verbos *traer, decir* (y derivados): *traje, contraje, contrajiste, dijiste, bendije, dijere, trajera,* etc.

■ Las de los verbos acabados en *-ducir*: *conduje, sedujiste, redujeron, dedujerais, produjere,* etc.

5.3 Otros aspectos sobre la ortografía de la *g* y la *j*

5.3a Palabras que suenan igual (homófonas) pero se escriben de forma diferente (no homógrafas)

■ La igualdad de sonido de estas letras en ciertas posiciones hace que en la lengua se encuentren pares de palabras que se pronuncian exactamente igual, pero que son diferentes tanto en sus respectivas grafías como en sus significados. A continuación puede consultarse una relación de palabras de este tipo, con las que conviene familiarizarse por ser fuente de problemas ortográficos:

ingerir ('meter por la boca alimentos') (y su derivado *ingestión*)	*injerir* ('injertar') (y sus derivados: *injerencia, injerto*)
gira (de *girar* y 'excursión')	*jira* ('merienda campestre' y 'pedazo de tela'; cfr. *jirón*)
geta ('natural de un pueblo de Dacia')	*jeta* ('cara')

5.3b Consejos

■ Algunas formas de los verbos que terminan en *-ger* y *-gir* son fuente de problemas ortográficos. Suelen escribirse con *j* delante de *e, i,* por analogía con la *j* de las formas que llevan *a, o: cojo, coja (*cojer); protejo, proteja (*protejemos),* etc.

5.3c Curiosidades

■ Las Academias admiten pares de palabras con *g* y *j*, pero siempre con preferencia de una de las del par que, en la tabla siguiente, pueden verse en la columna de la izquierda:

jien(n)ense	*giennense*
gibraltareño	*jibraltareño*
jineta ('tipo de mamífero')	*gineta* (pero solo *jineta* como femenino de jinete y como 'arte de montar a caballo')
hégira	*héjira*
jenízaro	*genízaro*

■ Se escribe *cónyuge* y no *cónyugue ni *cónyuje, y debe pronunciarse con [j] y no con [gue].

■ Se escriben con *j: jinete, paradójico, extranjero, jirafa, jirón.*

■ Se escriben con *g: hegemonía, pergeñar, gitano.*

■ Se escriben con *g* y *j: Jorge, garaje, jengibre.*

☞ OBSERVACIONES

▶ La palabra inglesa *manager* ha sido castellanizada por las Academias como *mánager;* es decir, se respeta la ortografía originaria pero no la pronunciación, que en castellano debe ser la de [j], pues, como se ha dicho, la letra *g* delante de *e, i,* suena [j].

▶ Cuando la letra *g* precede a otra consonante, su sonido <u>debe ser</u> el de [gue] y no el de [j]: *ignorar, cognitivo, agnóstico...* Esta advertencia vale también para las palabras extranjeras castellanizadas, como *iceberg* o *airbag.*

• Por otra parte, se pronuncia [j] en las siglas, porque en ellas se pronuncia el nombre de la letra: *ONG* [oenegé], *GPS* [gepeése].

§ I.6 Ortografía de las letras *c, k* y *q* para el sonido [k]

6.1 Aspectos generales

■ La letra *c* seguida de *a, o, u,* y delante de cualquier consonante, incluida otra *c,* así como *q, k* con cualquier vocal representan el mismo sonido [k]; la *q* aparece normalmente delante de *e, i,* pero siempre acompañada de una *u* muda, por lo que es, en realidad, el dígrafo *qu* el que representa el sonido [k]: *quiso, quien.* Sin embargo esa *u* se pronuncia en:

• algunas palabras latinas independientes: *quidam* [kuídam]; *quid* [kuíd] (pronunciado también [kíd], sin *u*); *quórum* [kuórum]

• formando parte de locuciones latinas: *quid por quo* [kuídprokuó]; *statu quo* [statukuó]; *ad quem* [adkuém]; *sine qua non* [sinekuánón]

• alguna palabra de procedencia inglesa ya castellanizada: *quark, quásar* (escrito también *cuásar*).

■ Se emplea la letra **k** en:

• palabras foráneas para las que se ha querido respetar la letra originaria: *káiser, kermés, kit, anorak, kiwi, búnker, kindergarten* o *kínder, kril...*

• transcripciones de palabras procedentes de alfabetos distintos del latino (griego, japonés, ruso, árabe): *kappa, karaoke, karate* (o *kárate*), *Krémlin, kilo-, kurdo, Kenia, keniano, keniata, kéfir, Kioto, Kazajistán, Kilimanjaro* o *Kilimanyaro, kung-fu, kibutz, Kosovo* o *Kósovo* (y *kosovar, albanokosovar, serbokosovar*).

ℹ️ En algunos de estos casos, la **k** alterna con las grafías **q** y **c**, como veremos.

■ Se emplea la letra **q** sola en:

• unos pocos casos en los que se transcriben palabras árabes: *Iraq* (también *Irak*); *Qatar; qatarí* (también *catarí*); *Al-Qaeda* (pero también *Alkaida* o *Alkaeda*).

6.2 Otros aspectos sobre la ortografía de la *c*, la *k* y la *q* para el sonido [k]

6.2a Consejos

■ La mejor forma de saber qué palabras se escriben con *cc* y cuáles con *c* es acudir a las familias léxicas respectivas y ver si en ellas existen otras palabras que lleven la primera *c* (sonido de [k]). Si se encuentran, está claro que se escribirán con *cc,* porque a la primera *c* (sonido [k]) se le debe añadir la segunda del sufijo *-ción:*

adicción	adicto
perfección	perfecto
abstracción	abtracto
dicción	dictar
inyección	inyectar
afección	afecto

aflicción	aflictivo
coacción	coactivo
elección	electo
ficción	ficticio
infracción	infractor
convicción	convicto
fracción	fractura
satisfacción	satisfactorio
restricción	restrictivo
atracción	atractivo
tracción	tractor
contracción	contractura

■ Compárense estas formas con otras que no tienen la *c* (sonido [k]) en otras palabras de su familia:

concreción	concreto
sujeción	sujeto, sujetar
adición	aditivo (frente a *adictivo*, de *adicción*)
afición	aficionado (frente a *afectivo*, de *afección*)
objeción	objetar (**objectar*)
inflación	inflar (del latín *inflatio*, frente a *infractor*, de *infracción*)
relación	relatar (frente a *redactar*, de *redacción*), etc.

■ Distínganse, pues, pares de palabras parónimas como: *adicción/adición; inflación/infracción; afición/afección.*

■ Téngase especial cuidado con otras palabras que se escriben con alguna frecuencia con *cc*, cuando lo correcto es solo una: *sujeción, relación, atrición, contrición, concreción* (frente a *abstracción*), *fruición, coalición, reacio, dilación, extradición, delación.*

6.2b Curiosidades

■ Las Academias admiten pares de palabras con las variantes gráficas de *k/q* en unos casos, y de *k/c* en otros, pero siempre con preferencia de una de las del par que, en la tabla siguiente, pueden verse en la columna de la izquierda:

askenazí (o askenazi)	asquenazí (o asquenazi)
astracán	astrakán
bikini	biquini
caqui	kaki
euskera	eusquera
Iraq	Irak
kamikaze	camicace
kermés	quermés
kilo	quilo
kilolitro	quilolitro
kilómetro	quilómetro
kimono	quimono
kirie	quirie
kurdo	curdo
Kurdistán	Curdistán
kimono	quimono
kinesiología	quinesiología
kinesioterapia	quinesioterapia
moca	moka
musaca	musaka
póquer	póker
queroseno	keroseno
quiosco	kiosco
troika	troica
Turquestán	Turkestán
uzbeko	uzbeco
valquiria	valkiria
vodka	vodca
karst	carst
karateca	karateka

• En la actualidad, y con fines lúdicos o expresivos (llamar la atención), se escribe *k* sustituyendo a la *c* normativa: *okupa, okupar, okupación* (usadas para referirse a los que ocupan ilegalmente una propiedad ajena y al hecho de ocuparla), *te kiero* (lenguaje de móviles y chats), *Vallekas* (popular barrio madrileño), etc. Estos usos no pertenecen a la norma culta.

◨ OBSERVACIONES

▶ La *c* delante de otra consonante, incluida otra *c*, representa siempre el sonido [k]; por tanto, no debe pronunciarse como [z]. Así pues, palabras como *acto, perfección, acné, dracma, arácnido, cómics* o *facsímil* deben pronunciarse como [ákto], [perfekción], [akné], [drákma], [aráknido], [kómiks], [faksímil], respectivamente. Es error pronunciar estas palabras como *[ázto], *[perfezción], *[azné], *[drázma], *[aráznido], *[kómizs], *[fazsímil].

▶ Conviene saber, no obstante, que hay palabras castellanas con *cc*, que no se corresponden con ninguna otra palabra de su familia léxica, simplemente porque no existen en castellano; en estos casos, solo quienes saben latín conocen que en la raíz latina de esas palabras está la *c* (sonido [k]). Son estas:

- *cocción* (del latín *coctionem*)
- *succión* (*succionar*) (del latín *suctum*)
- *fricción, (friccionar)* (del latín *frictionem*)
- *confección* (*confeccionar, confeccionista*) (del latín *confectio*).

▶ Existen otras palabras escritas con *cc* que no se encuentran en la terminación: *accidente, occidental, occiso, acceder, acceso, accesible, accésit, occipital, eccema*… Insistimos en que en todos los casos, la primera *c* debe pronunciarse como [k].

▶ Las formas *quilo, quilo-*, con *qu*, y *curdo* y *Curdistán*, con *c*, son hoy de poco uso, por lo que no se aconsejan.

▶ La palabra *kétchup* presenta las variantes válidas *cátchup* y *cátsup*.

▶ La palabra inglesa *kleenex* ha sido castellanizada como *clínex*.

▶ Existe la variante *euskara*, que al no utilizarse en castellano, carece de una posible variante *euscara*.

§I.7 Ortografía de las letras *c, z* y *s*

7.1 Aspectos generales

■ El sonido [z] apareció en el castellano hacia el siglo XVII; es, por tanto, relativamente reciente. Hasta entonces, lo que había sido un sonido pronunciado como [ds], que se representaba normalmente con la letra *z* (*vezino* [bedsíno]) y otro pronunciado como [ts], que se representaba normalmente con *c* o con *ç* (llamada *ce con cedilla*): *cabeça* [kabétza], *torcer* [tortsér]. Cuando se confundieron ambos sonidos y confluyeron en el sonido [z], las letras *c, ç* y *z* se usaban para un mismo sonido. Posteriormente desaparecería la *ç* para las palabras castellanas.

■ Actualmente, en la mayor parte de la Península, se distingue entre el sonido [z], representado por las letras *c* o *z,* y el sonido [s] representado por la letra *s;* en cambio, en zonas de Andalucía, Canarias e Hispanoamérica, no existe esta distinción, por lo que en estos sitios se cuenta con tres letras (*c, z* y *s*) para un mismo sonido, que puede ser [s] o [z].

> ❶ En estas zonas existe un mayor riesgo de incurrir en errores ortográficos y de no diferenciar en la pronunciación pares de palabras como *cien* y *sien, ciento* y *siento, cazar* y *casar, voz* y *vos, cocer* y *coser, las doce y media* y *las dos y media*, etc.

7.1a El seseo

■ En las zonas en las que no conocen el sonido [z] se pronuncian con sonido [s] las tres letras *c, z* y *s.* Este fenómeno se llama **seseo,** y está reconocido por las Academias de la Lengua Española, entre otras razones por ser ampliamente mayoritario y por darse entre personas de cualquier estrato social.

7.1b El ceceo

■ Por otra parte, en algunas zonas peninsulares andaluzas estas tres letras tampoco se distinguen pero se pronuncian como [z]. Este fenómeno se llama **ceceo,** y no está reconocido académicamente por ser minoritario y darse, en gran medida, entre personas poco cultas: *[zebíya] (para *Sevilla*).

7.2 Algunas orientaciones para escribir correctamente *c*, *z* y *s*

7.2a Regla general

■ Para el sonido [z]:

• Se escribe *c* cuando siguen una *e* o una *i*: *cenicero, ciento.*

• Se escribe *z* cuando siguen una *a*, una *o* o una *u*, o cuando aparece tal sonido ante consonante: *zarzuela, azorar, azteca, pertenezca, liderazgo…*

---

❶ Algunas palabras llevan *z* delante de *e, i: zéjel, zeta, zigzag* o *ziszás, zigzagueo, zigzaguear, zigzagueante, zipizape, enzima* (sustantivo), *nazi, nazismo, zepelín, zeugma, zelandés(a), neozelandés(a), Nueva Zelanda* (o *Nueva Zelandia,* en América), *zigurat, zíper, askenazí* (o *askenazi), paparazi, alzhéimer, razia* (de *razzia*).

■ Para el sonido [s]:

• Se escribe siempre *s: Sevilla.*

7.3 Otros aspectos sobre la ortografía de la *c,* la *z* y la *s*

7.3a Curiosidades

■ Las Academias admiten pares de palabras, con alternancia de *z* y *c*, pero siempre con preferencia de una de las del par que, en la relación siguiente, pueden verse en primer lugar:

a**c**imut	a**z**imut
á**c**imo [pan]	á**z**imo [pan]
cedilla	**z**edilla
cenit (o **c**énit)	**z**enit (o **z**énit)
cigoto	**z**igoto
cin**c**	**z**inc

cíngaro	zíngaro
cinia	zinnia
circón	zircón
circonita	zirconita
circonio	zirconio
eccema	eczema
kamikaze	kamikace
magacín	magazín

📧 **OBSERVACIONES**

▶ Las Academias han decidido castellanizar la palabra italiana *paparazzi* como *paparazi* (lo mismo han hecho con *atrezzo* > *atrezo* y *mozzarela* > *mozarela*), pero no se han decidido a hacer lo mismo con *pizza*, que sigue sin castellanizar, cuyo derivado en castellano debería haber sido *pizzería*. Por su parte, la palabra *jacuzzi* se ha castellanizado como *jacusi*.

§ Ortografía de las letras *s* y *x*

8.1 Aspectos generales

■ Como ya se ha dicho más arriba, la letra *s* representa en español el sonido [s].

> ℹ️ No es correcta la escritura del <u>seseo</u>, es decir, representar las letras *z* y *c* como *s* cuando se pronuncian así: *casería por *cacería;* *sapato por *zapato*.

■ Mientras que la letra *x* representa el sonido [ks].

> ℹ️ En la pronunciación normal la *k* suele relajarse y, entonces, el sonido de la *x* se convierte en [gs]: *examen, éxito, asfixia, expectación*, etc.

■ La **x** se pronuncia [ks] o [gs] cuando va entre vocales *(exigir, exagerado)* o al final de palabra *(unisex, relax…)*.

---

❶ Se considera un rasgo popular pronunciar en estos casos [s]: *taxi* > *[tási]*.

■ La **x** se pronuncia [s] cuando se encuentra al principio de una palabra: *xilófono* ([silófono]); *xenofobia* ([senofóbia]).

■ Cuando se encuentra al final de una sílaba, por tanto ante otra consonante, es frecuente en España relajar tanto la pronunciación de [k] que termina por perderse su sonido, lo que acarrea fallos ortográficos.

---

❶ En general, en América se tiene más escrúpulo en no relajar este sonido. Palabras como *expectación* o *éxtasis* en España se pronuncian como [espectación] y [éstasis], aunque en los estratos cultos muchas personas se esmeran en pronunciar [ks] o, al menos, [gs].

■ 8.2 Otros aspectos sobre la ortografía de la *s* y la *x*

8.2a Consejos

■ Es frecuente ver escritas con **x** palabras que se escriben con **s**, sin duda porque el carácter enfático que tiene su significado hace que se asocien con otras:

● **explendor, *expléndido, *explendoroso* (en lugar de las correctas *esplendor, espléndido, esplendoroso*) porque se asocian con *éxito, exitoso, excelente, eximio, excelso, exquisito,* etc.

■ En palabras en las que confluyen la **x** y la **s,** suelen darse casos de incorrecciones ortográficas debidas a la sustitución de una por otra (metátesis):

● **axfisia, *axfisiar, *axfisiante* en lugar de las correctas *asfixia, asfixiar, asfixiante.*

■ La aparente similitud semántica de palabras con *x* y con *s* hace que también se produzcan errores en pares o familias de palabras como:

- *expectante, expectación, expectativa* y *espectáculo, espectacular, espectador;* las tres primeras se escriben con *x* porque provienen del latín *expectare* 'esperar', mientras que las tres últimas lo hacen del verbo también latino *spectare* 'mirar'.
- *expiar, expiatorio, expiativo* frente a *espiar, espía, espionaje.*
- *inextricable* ('que no se puede desenredar'), frente a *inescrutable* ('que no se puede averiguar').

8.2b Curiosidades

■ Debido a la relajación en la pronunciación de la *x* que hemos visto anteriormente, hay pares de palabras con *x* y con *s,* que llegan a sonar igual y, por lo tanto, a confundirse en la escritura, a pesar de ser totalmente diferentes:

contexto ('entorno')	*contesto* (de *contestar*)
exotérico ('fácilmente comprensible')	*esotérico* ('oculto')
expirar ('acabar')	*espirar* ('exhalar')
extático ('en éxtasis')	*estático* ('parado')
extirpe (de *extirpar*)	*estirpe* ('tronco de familia')

⊞ Observaciones

▶ La *x* de palabras como *México, mexicano, Texas, texano, Oaxaca, oaxaqueño* y de algunos apellidos como *Ximénez, Xerez,* etc., representa el sonido [j] (▶ § I.5.1) y no, como creen algunos, el de [ks]; por tanto, se dirá [méjico] y no *[méksiko]... Aunque las Academias prefieren la *x* para los topónimos y gentilicios señalados, es válida también su escritura con *j: Méjico, mejicano,* etc. La palabra *tejano,* cuando designa un tipo de pantalón vaquero, no se escribe con *x.*

▶ Hay unas pocas palabras en las que el sonido [k] se representa con *cs* y no con *x: facsímil, facsimilar, fucsia,* además de los extranjerismos o palabras onomatopéyicas acabadas en *c* (con sonido [k]) y seguidas de la *s* del plural: *cómics, blocs, clics, tics, tictacs...*

§ Ortografía de las letras *y, i* y del dígrafo *ll*

9.1 Aspectos generales

■ La letra **y** (llamada *i griega*) se usa en español como vocal (*Pedro y Juan, voy, rey, Bernuy…*) o como consonante (*yerto, ayer, yo…*). Representa un sonido pronunciado con el dorso de la lengua en el paladar duro dejando que el aire salga por el centro de la boca.

■ El dígrafo **ll** (llamado *elle* y considerado todavía hoy por los académicos como letra en el alfabeto con el nombre de *elle*, (▶ § I.2.2) representa un sonido pronunciado con el dorso de la lengua en el paladar duro dejando que el aire salga por los lados de la lengua.

9.1a El yeísmo

■ La diferencia entre estos dos sonidos ha desaparecido en casi todo el ámbito hispánico (solo en algunas zona de España y de América, especialmente rurales, pero también en personas cultas escrupulosas con la distinción, se mantiene la diferencia), por lo que, en realidad, nos encontramos con dos letras (o con una letra y un dígrafo) que representan el mismo sonido [y]. Este fenómeno se llama **yeísmo** y está reconocido hace tiempo por las Academias. Incluso, en zonas del Río de la Plata, ese yeísmo ha ido más lejos, de modo que, tanto *y* como *ll* terminan representando un sonido parecido al de la *g* o la *j* francesas o, incluso, parecido al de la *ch* francesa. La no distinción de estos sonidos hace que se cometan frecuentes faltas de ortografía con *y* y *ll.*

9.1b La *y* como vocal

■ Se usa entre palabras (es la conjunción copulativa) o como segundo elemento de un diptongo o último en un triptongo en el final de una palabra:

• En sustantivos: *rey, virrey, ley, guirigay, fray* (usado como tratamiento), *noray, estay, carey, grey, buey, rentoy.*

- En las interjecciones: *ay, caray, guay, huy, nanay, velay.*

- En las formas verbales: *doy, estoy, hay, soy, voy.*

- En los adverbios *hoy* y *muy.*

- En algunos topónimos: *Bernuy, Monterrey, Paraguay, Tuy, Uruguay.*

- En algunos extranjerismos ya castellanizados: *espray, gay, brandy, convoy, coy, bocoy, escay, yóquey, jersey, yérsey, monterrey, samuray, paipay, póney.*

9.1c La *y* como consonante

■ Se usa en principio de palabra *(yegua)* o de sílaba *(ca-ye-ron).*

■ El sonido de [y] lo reproducen también en ocasiones las combinaciones **hi**+vocal; de ahí que las Academias permitan escribir *yerba* (lo preferido es *hierba*) y *yedra* (lo preferido es *hiedra*).

9.1d El acento en la *y*

■ La **y** en posición final se pronuncia como vocal (▶ § I.9.1b), pero se considera **consonante a efectos de la acentuación:** se acentúan palabras como *póney* (palabra llana acabada en consonante, que no es ni **n** ni **s**) y no se acentúan otras como *jersey* (palabra aguda acabada en consonante que no es ni **n** ni **s**). Por ello, no debemos acentuar topónimos como *Bernuy,* pues una consonante nunca lleva tilde.

■ La **y,** como segundo elemento de diptongo o último de triptongo *(buey, guay)* suele ser átona; solo en el adverbio *muy* y en algún topónimo como *Bernuy,* es tónica.

9.2 Algunas orientaciones para escribir correctamente *y*

9.2a La *y* como vocal en su función de conjunción

■ La **y** vocal en su función de conjunción copulativa se convierte en **e** cuando la palabra que la sigue empieza por *(h)i-,* siempre que esta *(h)i-* no sea primer elemento de un diptongo; si esto ocurre, la *y* **no cambia** a *e: padres e hijos; conceptos e ideas...*, pero *cobre y hierro; paja y hierba.*

■ Ahora bien, existen palabras que empiezan por *(h)i* y una vocal, en las que no está claro si lo que pronunciamos es un diptongo o un hiato:

• Si se trata de un diptongo, debe mantenerse *y*: *diptongos y hia-tos; protones y io-nes.*

• Si se trata de un hiato, debe cambiarse a *e*: *diptongos e hi-a-tos; protones e i-o-nes.*

ⓘ Como no es clara la diferencia, el uso de *y* o *e* en estos casos debe considerarse opcional, aunque las Academias no se han pronunciado aún sobre esta cuestión.

■ Se escriben con *y:*

• Las formas de los verbos en *-uir: constituyo, restituyendo, huyeron...*

• Las formas de los verbos en *-eer* y de los verbos *oír, traer: poseyendo, proveyendo, proveyera..., creyó, creyere..., oyera, trayendo, atrayendo...*

9.3 Otros aspectos sobre la ortografía de la *y* y del dígrafo *ll*

9.3a Palabras que suenan igual (homófonas) pero se escriben de forma diferente (no homógrafas)

■ La igualdad de sonido de estas letras para los yeístas (▶ § I.9.1a) hace que pares (y a veces tríos) de palabras diferentes, tanto en su grafía (una con *y* y otra con el dígrafo *ll*) como en su significado, suenen igual, por lo que son fuente de errores ortográficos:

arrollo (de *arrollar*)	*arroyo* ('riachuelo')
bollero ('que hace o vende bollos')	*boyero* ('que cuida o guía bueyes')
callado (de *callar*)	*cayado* ('báculo')

calló (de *callar*)	cayó (de *caer*)	
halla (de *hallar*)	haya (de *haber* y 'clase de árbol y madera')	aya ('niñera')
olla ('vasija redonda')	hoya ('cavidad en la tierra')	
pollo ('ave')	poyo ('banco de piedra')	
pulla ('palabra o expresión obscena con que se molesta a alguien')	puya ('punta acerada de varas')	
rallar ('desmenuzar algo con el *rallador* de cocina')	rayar ('hacer rayas')	
rallo (de *rallar*)	rayo ('chispa eléctrica atmosférica', 'línea de luz' y de *raer*)	
rollo ('cilindro')	royo (de *roer* y 'rubio')	
rolla ('trenza de espadaña' y 'niñera')	roya ('rubia' y 'clase de hongo')	
valla ('línea de estacas' o 'tablas')	vaya (de *ir*).	

9.3b Consejos

■ En algunos casos, para saber si una palabra se escribe con *y* o *ll*, conviene pensar en otras formas de la misma familia o del mismo verbo: *rayar-subrayar-subrayado...; rallar-rallador; hallar-hallé-hallara...; poyo-apoyar-apoyo-poyete...*, etc.

> ❶ Las formas *rayo* de *raer* y *royo* de *roer* alternan respectivamente con *raigo* y *roigo*.

9.3c Curiosidades

■ Algunas de las palabras extranjeras ya mencionadas en este capítulo se pueden escribir también con *i* latina: *samuray/samurái; paipay/paipái.*

■ Los sustantivos acabados en *y* como segundo elemento de diptongo y castellanizados recientemente cambian la *y* en *i* en los plurales correspondientes. Es error mantener la *y*: *samuráis, paipáis, jerséis, espráis, gais, poneis, yóqueis.*

■ El gerundio del verbo *ir* es *yendo,* no **iendo* ni **llendo.*

■ La adaptación al castellano de palabras extranjeras acabadas en *y* fuera de un diptongo se ha hecho sistemáticamente convirtiendo la *y* en *i*: *jipi* (<*hippy*); *ferri* (<*ferry*); *yonqui* (<*junky*); *raly* (<*rally*); *panti* (<*panty*); *bodi* (<*body*); *punki* (<*punky*); *poni* (<*pony*)…

■ Es falta de ortografía escribir *yanky en lugar del correcto *yanqui*, procedente del inglés *yankee*.

§ I.10 Ortografía de la letra *r* y del dígrafo *rr*

10.1 Aspectos generales

■ La letra *r* representa:

• El sonido de una sola vibración (vibrante simple) cuando va entre vocales *(para, coro)* o en posición final de sílaba o de palabra: *arte, amar*.

---

❶ En estos últimos casos, cabe la vibración múltiple, sobre todo cuando hay intención enfática: [arrte], [amarr].

• El sonido de más de una vibración (vibrante múltiple) cuando va al principio de palabra o tras las consonantes *l, n, s, b, d*: *rector, alrededor, enredar, rocanrol, Israel, subrayar* (*sub-ra-yar*, no *su-bra-yar), *ciudadrealeño*.

■ El dígrafo *rr* representa:

• El sonido vibrante múltiple y se escribe siempre que este aparezca entre vocales: *perro, carreta, corromper*…

10.2 Otros aspectos sobre la ortografía de *r* y *rr*

10.2a Consejos

■ Cuando se añade un prefijo a una palabra que empieza por *r*: Esta consonante se convierte en *rr* si queda entre vocales: *rector > vicerrector; reumático > antirreumático; revolución > contrarrevolución*…

■ Si el prefijo acaba en *r* (*super-*, *hiper-*) y la palabra a la que se une empieza también por *r,* deben mantenerse las dos erres, a pesar de que en la pronunciación se perciben dos sonidos vibrantes y no uno solo: *superrápido, superrico.*

> ℹ Quizá en estos casos hubiera sido preferible separar el prefijo de la palabra con un guion *(super-rico; super-rápido)*, de forma que se reflejara más exactamente lo que se pronuncia.

■ Se suelen cometer faltas de ortografía cuando se escribe *rr* en lugar de *r* para representar el sonido vibrante múltiple que aparece tras consonante: **alrrededor, *honrrado, *desrriñonarse, *subrrogar, *posrromántico,* etc. En estos casos, se escribe siempre una sola *r* (▶ § I.10.1).

10.2b Curiosidades

■ Existen en el español algunas palabras que mantienen una doble grafía, con *r* o con *rr.* Ambas son correctas, pero las Academias prefieren las que, en la relación siguiente, aparecen en la columna de la izquierda:

aturrullar	aturullar
cimborrio	cimborio
bacará	bacarrá
garapiña(r)	garrapiña(r)
harapo	harrapo

I.11 Ortografía de las letras *n* y *m*

11.1 Aspectos generales

■ La letra *n* representa en español un sonido nasal que se pronuncia apoyando la punta de la lengua en la parte delantera del paladar o en los alveolos.

■ La letra *m* representa otro sonido nasal pero pronunciado con los labios, de ahí que se diferencien palabras como *nido* y *mido, nata* y *mata.*

■ Cuando *n* precede a otra consonante labial, adquiere rasgos labiales en la pronunciación, o sea, se acerca al sonido [m], por lo que la Real Academia Española desde hace tiempo prescribió que se escribiera con *m* el sonido [n] si precedía a las consonantes *b* y *p,* que representan también sonidos labiales: *biempensante, ampolla, ambiguo, combinar, ambos.*

---

❶ Por eso, cualquier prefijo o elemento compositivo que acabe en -*n* se convertirá en *m* en la escritura si la palabra a la que se une comienza con *b* o *p: in+batible > imbatible; in+pensable > impensable; con+página(ar) > compaginar; cien+pies > ciempiés.*

❶ La Real Academia Española mantiene como arcaísmo en su *Diccionario de la lengua* la forma *bienplaciente* (con *n*); sin embargo, las Academias en su *Diccionario panhispánico de dudas* rechazan la forma *bienpensante,* muy documentada, a favor de *biempensante,* para evitar excepciones. Solo en algunos extranjerismos como *Gutenberg, Canberra, Hartzenbusch* se mantiene la *n* ante *b.*

■ Aunque este fenómeno es el mismo delante de *v* y *m* (ambas letras representan sonidos labiales), en estos casos la Real Academia Española no prescribe la *m: convoy, inviable, inmoral.*

■ La letra *m* puede ir:

• al principio de palabra seguida de vocal: *metro*

• entre vocales: *amoroso*

• delante de *b* o *p*: *embaucar, impaciencia*

• en muy pocos casos aparece ante consonante que no sea ni *b* ni *p:*

• en algunos extranjerismos: *hámster*

• en los plurales de palabras acabadas en *m,* en las que precede obligatoriamente a -*s: currículums*

• es frecuente en palabras castellanas delante de *n: amniótico, indemne, alumno, himno, amnesia, amnistía, columna.*

• en el final de una palabra, que normalmente es latina o de origen extranjero: *quórum, currículum, vademécum, álbum, ídem, ítem, módem, tándem, film* (también *filme*), *harem* (también *harén*), *imam* (también *imán*), *zum* (del inglés *zoom*), *bum* (del inglés *boom*), etc.

11.2 Algunas orientaciones para escribir correctamente *n* y *m*

■ Los sustantivos latinos y extranjeros acabados en -*m* hacen el plural añadiendo -*s: quórums, vademécums, módems, zums,* etc.

• Únicamente la palabra *álbum*, por tradición, hace su plural como *álbumes.*

> ❶ Hay que evitar el error, muy extendido, de pronunciar *álbum* como *[álbun] y *álbumes* como *[álbunes].

• También *imam* hace *imames* (al lado de *imanes,* de *imán*).

■ Todas aquellas palabras formadas con el prefijo *trans-* pueden eliminar la *n* (esta es hoy la preferencia académica si nos atenemos al *Diccionario panhispánico de dudas*): *transportar > trasportar; transcender > trascender; transgresión > trasgresión*, etc.

• Ahora bien, algunas palabras se escriben solo con *tras-* y nunca con *trans-* (normalmente aquellas en que *tras-* significa literal o metafóricamente 'detrás' y no 'al otro lado de', que es el significado de *trans-*): *trascocina, trastienda, trasalcoba, trascordarse, trascoro, trascuarto, trasfondo, trashumancia, trashumante, trashumar, trasluz, trasmano, trasnochar, trasnochador, traspapelar, traspaso(-ar), traspatio, traspié, trasplante, trasplantar, traspunte, trasquilar, trasquilón, trastorno(-ar), trast(r)abillar,* etc.

• Solo cuando al prefijo *trans-* lo siga otra *s,* hay que mantener obligatoriamente la *n* y eliminar la *s* del prefijo para que no haya dos eses seguidas, lo que no pertenece al sistema gráfico del español:

transexual (*transsexual, *trassexual);
transiberiano (*transsiberiano, *trassiberiano);
transustanciación (**transsustanciación*,
  **trassustanciación*).

11.3 Otros aspectos sobre la ortografía de la *n* y la *m*

11.3a Consejos

■ Debe pronunciarse nítidamente la *m* que precede a *n* (*himno, amnesia...*) para que no se confunda con una *n* delante de otra *n,* como en *innato, perenne, cánnabis* (o *cannabis*), etc.

■ Hay que procurar mantener en la escritura la *n,* del grupo *ns* ante consonante, que aparece en palabras como *circunstancia, instinto, instituto, circunscrito, construcción,* etc.

> ❶ Con frecuencia, se elimina la *n* en la pronunciación, lo que da lugar a faltas de ortografía como las de *circustancia, *istinto, *circuscrito, *costrucción...

■ Las palabras *mnemotecnia, mnemotécnico* y *mnemónico(-a)* son las únicas que llevan *m* inicial seguida de *n*. En estos casos se permite también su escritura sin *m;* aunque en la lengua culta se sigue conservando esta letra, no suele pronunciarse: [nemotecnia], [nemotécnico] y [nemónico(-a)].

§ I.12 Ortografía de la mayúscula y minúscula iniciales

12.1 Escritura con mayúscula inicial

12.1a La mayúscula inicial y la puntuación

■ Se escribe mayúscula inicial:

• En la primera palabra de un escrito y después de punto: *Mañana salgo para París. Espero que vayáis a despedirme.*

• Tras los puntos suspensivos y los signos de cierre de la interrogación y de la exclamación SIEMPRE **que hagan las veces del punto,** o sea, que cierren enunciados:

> Recibí a españoles, europeos, americanos… No creo que
> haya nadie que proteste.
>
> ¿Cómo se llamaba ese chico? La verdad es que no recuerdo
> su nombre.
>
> ¡Cuánta gente fue al desfile! La verdad es que no
> esperábamos tanta.

• Tras los signos de apertura de interrogación y exclamación, SIEMPRE **que estos empiecen un enunciado:**

> ¡Qué manera de llover!
> ¿Cuándo se cierra el plazo?

• Tras el signo de los dos puntos SOLO **en los casos siguientes:**

   • Después de la fórmula vocativa que encabeza una carta, una instancia, etc., vaya el texto a continuación o aparte (en los ejemplos siguientes, el texto que va en líneas aparte se expresa con /):

> Querido Pedro: Necesito…
> Querido Pedro: / Necesito…
> Ilustrísimo Sr.: Me dirijo a usted…
> Ilustrísimo Sr.: / Me dirijo a usted…

   • Cuando el texto sigue a verbos introductorios del tipo CERTIFICA, EXPONE, SOLICITA, HACE CONSTAR…, normales en certificados, instancias, justificantes, etc.:

> Como director de la colección, HAGO CONSTAR: Que el autor…
> CERTIFICA: / Que el autor…

   • En la reproducción de una cita en estilo directo:

> Arquímedes dijo: «Dadme un punto de apoyo y moveré
> la tierra».

12.1b La minúscula inicial y la puntuación

■ Se escribe minúscula inicial:

• Tras los puntos suspensivos y los signos de cierre de la interrogación y de la exclamación **siempre que NO hagan las veces del punto,** o sea, que no cierren enunciados:

Recibí a españoles, europeos, americanos…, pero nadie
protestó.
¿Qué será de nosotros ahora?, me pregunto a cada
momento.
¡Qué alegría!; no esperaba veros tan pronto.
¡Qué casualidad!: llueve justo cuando iba a regar el jardín.
¡Hala!, exclamó Juan.

• Tras los signos de apertura de interrogación y exclamación, **siempre que estos NO empiecen un enunciado:**

Doctor, ¿cómo está mi hijo?
Pero ¡qué importante eres!

• Tras el signo de los dos puntos:

Recibí los siguientes documentos: programa de mantenimiento,
ajuste del reglamento y presupuesto anual.

12.1c La mayúscula inicial fuera de la puntuación

■ Se escribe mayúscula inicial en:

• Los nombres propios de personas, animales, instituciones, topónimos, marcas, cosas individualizadas:

Joaquín, González, Rocinante, Complutense, río Ebro,
los montes Pirineos, Marte, Acuario, la ciudad de Madrid,
la calle de Alcalá, la cordillera del Himalaya, Tizona, Dios, Alá,
Buda, Hércules, Ciudad Real, Río de la Plata, Sierra Morena,
Oriente Medio, la calle de Gran Vía, La avenida
de Los Poblados, el Zagreb, Panasónic…

• La preposición de un apellido cuando aparece sin el nombre de pila: *el señor De Miguel, la señora Del Arco…*

• Los nombres de dinastías cuando **no** se utilizan como adjetivos: *Borbones, Austrias.*

• Los apodos, seudónimos y sobrenombres: *Santiago Martín, el Viti; Fernando III, el Santo; Pedro el Cruel; el Greco; el Yiyo; el Lute…*

• Las antonomasias:

el Salvador (Cristo); *el Manco* (Cervantes); *el Magnánimo*
(Alfonso V); *la Inmaculada* (la virgen María); *la Tacita de
Plata* (Cádiz); *la Ciudad Eterna* (Roma); *la Monumental*

(la plaza de toros de Las Ventas); *la Catedral* (el campo de fútbol del Atlétic de Bilbao); *la Península* (la Península Ibérica [para los españoles]); *el Diluvio* (el diluvio bíblico); *la Red* (Internet).

- Los nombres abstractos personificados: *la Muerte, la Vida, el Bien, la Prudencia…*

- Los nombres de los puntos cardinales cuando se entienden como nombres propios: *Vamos rumbo al Sur; el Sol sale por el Este y se pone por el Oeste…*

- Los sustantivos, artículos y adjetivos de nombres propios de instituciones, entidades, departamentos, partidos políticos, etc.:

  la Real Academia Española, la Biblioteca Nacional, el Ministerio de Agricultura, el Consejo Superior de Investigaciones Científicas, el Museo del Prado, el Congreso de los Diputados, el Partido Popular, Izquierda Unida, el Teatro Real…

- Los sustantivos y adjetivos que constituyen el nombre propio de publicaciones, colecciones, etc.:

  El País (periódico); *El Mundo* (periódico); *Español Actual* (revista); *Biblioteca de Autores Españoles* (colección)…

- La primera palabra de los títulos de libros, películas, cuadros, piezas musicales, programas de radio y de televisión, esculturas, así como los títulos de asignaturas, etc.:

  El camino, Madera de boj, Cien años de soledad, Diccionario panhispánico de dudas, La busca, Las meninas, Operación triunfo, Informe semanal, Sonata en si menor, Lengua española y su didáctica…

- Los sustantivos y adjetivos con que se nombran documentos oficiales:

  Real Decreto 1010/1896; Ley Orgánica de Universidades; Ley de Dependencia; Ley Orgánica del Estado…

- Los nombres de festividades:

  Navidad, Año Nuevo, La Constitución Española, el Primero de Mayo, el Pilar…

- Los nombres de órdenes religiosas: *el Carmelo, el Temple…*

• Los nombres de premios, distinciones, acontecimientos culturales o deportivos…:

> *el Mundial; los Juegos del Mediterráneo; el [premio] Nobel; la Feria del Libro…*

• Los nombres y adjetivos con los que se designan disciplinas científicas siempre que se usen como nombres propios, así como los que designan cursos, seminarios, congresos…:

> la Facultad de Medicina; doctor en Filología; Simposio de la Sociedad Española de Lingüística; III Congreso de la Didáctica de la Lengua y la Literatura…

• Los nombres y adjetivos que designan como nombres propios épocas históricas, acontecimientos históricos, movimientos religiosos, sociales, políticos, culturales: *la Alta Edad Media, el Romanticismo, la Guerra de los Cien Años…, el Paleolítico…*

• Los nombres comunes que designan instituciones o entidades de carácter colectivo: *el Estado, el Gobierno, el Ejército, la Marina, el Ejército del Aire, el Ministerio, la Diputación…* Con otros significados, se usa la minúscula: *el estado de cosas; un buen gobierno de la casa, un ejército de hormigas, tengo claro mi ministerio…*

ⓘ **La mayúscula que diferencia estas palabras u otras como Iglesia/iglesia** *(los acuerdos Iglesia-Estado/voy a la iglesia);* **Partido [político]/partido** *(soy del Partido/He jugado un partido);* **Comunidad [Autónoma]/comunidad; Paraíso/paraíso; Infierno/infierno,** etc. se llama <u>diacrítica</u>, porque se utiliza para distinguir significados.

• Los tratamientos cuando se escriben abreviados: *Ud., Sr., D., D.ª*, etc.

12.1d La minúscula inicial fuera de la puntuación

■ Se escribe minúscula inicial (frente a lo que suele aparecen en textos periodísticos y publicitarios) en:

• Los nombres de dinastías cuando se utilizan como adjetivos: *los reyes borbones.*

• Cuando un apellido va precedido de la preposición *de* y de un artículo, estos se escriben con minúscula: *Amando de Miguel, Juan de la Cosa…*

• Los nombres de los puntos cardinales cuando NO se entienden como nombres propios: *He perdido el norte, Voy al sur de la ciudad.*

• El artículo que precede a los títulos de los libros sagrados y sus antonomasias: *las Sagradas Escrituras, el Génesis, la Biblia…*

• El artículo que precede a la denominación de una obra no con su título completo sino con otro abreviado y comúnmente conocido: *el Lazarillo, la Celestina, el Quijote, el Amadís, la Galatea, el Persiles…*

• Los nombres de premios cuando se quiere hacer referencia al objeto o, por metonimia, a la persona que lo ha recibido: *Recogió su goya, Me presentaron al nuevo nobel de literatura.*

• Los nombres propios que por metonimia se usan como comunes: *Eres un quijote, Es un donjuán…*

• Los nombres y adjetivos con los que se designan disciplinas científicas cuando se usan como nombres comunes, así como los que designan cursos, seminarios, congresos…:

Debemos confiar en la medicina. La filología no es una ciencia exacta. No conozco bien la psicología de los presos…

• Los nombres y adjetivos que designan como nombres comunes épocas históricas, acontecimientos históricos, movimientos religiosos, sociales, políticos, culturales: *Hay que mostrar mayor romanticismo.*

• Los nombres que designan instituciones o entidades de carácter colectivo pero utilizados con su significado común: *el estado de cosas, un buen gobierno de la casa, un ejército de hormigas, tengo claro mi ministerio…* (▶ § I.12.1c)

• Los nombres de los días, de los meses y de las estaciones del año: *martes, enero, abril, primavera…*

ℹ Los nombres de los meses tienen rasgos de nombres propios, uno de los cuales es la ausencia de artículo, por ello, muchas personas tienden a escribirlos con mayúscula inicial. Gramaticalmente, no es, por tanto, un error, pero la norma académica no lo permite. Sin embargo para la palabra *Internet*, en el *Diccionario panhispánico de dudas* se dice que, como «funciona a modo de nombre propio», se escribe con mayúscula inicial en el uso mayoritario de todo el ámbito hispánico. No obstante, también admite usos con artículo: *la internet/el internet,* que no se consideran erróneos.

• Los nombres de los vientos, salvo que estén personificados: *el cierzo, la tramontana…*

• Los tratamientos cuando se escriben completos: *usted, señor, don, doña, sor…*

12.1e Otros usos de las mayúsculas y minúsculas

■ La mayúscula de prestigio se usa, aunque no es obligatoria, en nombres comunes como *rey, ministro, papa, presidente, marqués,* etc., referidos a una persona concreta sobre todo cuando aparecen en lugar del nombre propio correspondiente y en leyes, decretos…: *el Rey inauguró el Congreso; Real Decreto… por el que se nombra Presidente del Tribunal a…*

■ Pero se aconseja la minúscula cuando estos nombres van seguidos de su nombre propio correspondiente: *el papa Benedicto XVI, el rey D. Juan Carlos…*

■ Se usa también la minúscula si aparecen como genéricos: *El rey es una figura importante en cualquier monarquía.*

■ Se escriben con mayúsculas los números romanos y las palabras sigladas: *VIII, ONG, ONU…*

◪ OBSERVACIONES

▶ En los dígrafos *ch, ll, qu* y *gu* solo se hace mayúscula la primera de sus letras, la segunda siempre es minúscula: *Ch, Ll, Qu, Gu.*

▶ La *i* y la *j* mayúsculas no llevan punto encima.

▶ No se deben mezclar las mayúsculas y las minúsculas en una sola palabra: *mueRte, *aTenTo...

▶ Cuando se quiere destacar una palabra en un texto puede escribirse con mayúsculas: *Los demostrativos llevan tilde SOLO cuando hay riesgo de ambigüedad.* Pero no debe abusarse de este recurso tipográfico en un texto corrido. Este recurso es habitual:

• en las cubiertas y portadas de libros impresos
• en los títulos de capítulos, epígrafes, etc.
• en las cabeceras de los periódicos y revistas
• en las inscripciones en lápidas y monumentos
• en ciertos verbos como CERTIFICA, SOLICITA, etc., propios de textos administrativos o jurídicos
• en textos publicitarios o de aviso (PROHIBIDO FUMAR)...

▶ Cuando el artículo forma parte de un nombre propio o de un título, se escribe con mayúscula: *El Cairo, El Salvador, La Haya, Los Ángeles, El País* (título de periódico)...

▶ Cuando este artículo se usa con nombres propios sin formar parte de ellos, se escribe con minúscula: *los Estados Unidos, el Perú, la India, el Támesis, la Argentina, el ABC*...

§
I.13 Cuestiones ortográficas con otras letras

13.1 Escritura del prefijo *pos-/post-*

■ Las Academias prefieren hoy la forma prefijal *pos-* en todos los casos a la forma *post-*, aunque consideran correctas las dos formas.

• No obstante, si el prefijo va seguido de una palabra con *s* inicial, debe escribirse siempre *post* (*postsocialismo* no *possocialismo), pues el sistema gráfico del español no admite dos eses seguidas:

De *digamos+se+lo* obtenemos *digámoselo,*
no **digámosselo.*
De *trans+sexual* obtenemos *transexual,* no **transsexual.*

ⓘ La única excepción académica a la norma de que no pueden ir en español actual dos eses seguidas es la de *picassiano* (por derivar del nombre propio *Picasso*).

• Si el prefijo va seguido de una palabra que comienza con *t,* debe usarse exclusivamente la forma *pos-* para que no haya dos tes seguidas: *postalibán* (**posttalibán*).

• Si el prefijo va seguido de una palabra que empieza por *r,* es preferible el uso de *pos-,* ya que la *t* podría inducir a que esta letra se pronunciara formando sílaba con la vocal siguiente:

> *posreunión* (mejor que *postreunión,* que podría leerse
> **pos-treunión*);
> *posrégimen* (mejor que *postrégimen,* que podría leerse
> **pos-trégimen*).

13.2 Escritura del grupo *-pt-*

■ Debe escribirse siempre el grupo completo: *aptitud, inepto,* etc.

ⓘ Se permite escribir las palabras *septiembre* y *séptimo* como *setiembre* y *sétimo* respectivamente, sin duda porque en España (no así en América) lo normal es no pronunciar la *p;* sin embargo, la supresión de esta letra no se extiende a los derivados, pues al ser estos palabras más cultas, se procura pronunciar dicha letra: *septembrino; septuagenario, septingentésimo, septasílabo...*

13.3 Escritura del grupo inicial *ps-*

■ Las palabras con el grupo inicial *ps-* pueden escribirse también sin la *p,* pero con *ps-* son más cultas: *psicología, psicológico, parapsicología, parapsicológico, psiquiatría, psiquiátrico, pseudocultura...*

> ℹ️ Ahora bien, en las formas *seudónimo* y *pseudónimo*, *seudó-podo* y *pseudópodo*, se prefieren las formas con *s-*.

13.4 Escritura de la *-d* en posición final

■ En algunas zonas de España hay tendencia a pronunciar como [z] la *d* en posición final de sílaba o de palabra: **Madriz* (por *Madrid*); **saluz* (por *salud*); **azquirid* (por *adquirid*).

> ℹ️ Se suprime en otras zonas, y en Cataluña tiende a pronunciarse [t]: [Madrit].

■ Ante la duda, en algunos casos conviene reparar en si se mantiene *d* (y no *z, c*) en los derivados: *salud > saludar; virtud > virtudes; talud > taludes* (frente *a: altramuz > altramuces; disfraz > disfraces; capataz > capataza; contumaz > contumacia; avestruz > avestruces…*).

§I.14 El guion en la ruptura de palabras al final del renglón

14.1 Normas académicas

14.1a Diptongos, hiatos y vocales al final del renglón

■ Al pasar de un renglón a otro **nunca** se debe romper una sílaba. Como los diptongos y triptongos constituyen una sola sílaba, no se pueden partir. Por tanto, sería incorrecto dividir así:

    *cubi- / erto; *pingü- / ino; *agu- / acero; *despe- / inaba;
    *ca- / usaba; *desa- / hucio.

> ℹ️ Véase cómo no se pueden separar los dígrafos *ch*, *ll*, *rr*
> (▶ § I.14.1f).

■ A pesar de pertenecer a sílabas diferentes, tampoco se permite separar un hiato, aunque esté formado por dos vocales abiertas. Por tanto, hay error en las separaciones siguientes:

*le- / opardo; *pa- / íses; *ca- / oba; *ba- / úles; *enví- / an;
*re- / ía; *re- / hén; *va- / ho.

■ Ningún renglón puede acabar con la primera vocal de una palabra ni empezar con la última de otra:

*a- / norexia; *cano- / a; *e- / búrneo; *espontáne- / o.

ⓘ Sin embargo, si la vocal va precedida de *h-*, se puede partir la palabra: *ha-cienda; he-chizo*.

14.1b El grupo *cc* al final del renglón

■ Dos ces seguidas pertenecen a sílabas diferentes; por tanto, la separación debe hacerse entre ellas:

satisfac- / ción (*satisfacc-ión, *satisfa-cción);
coac- / cionar (*coacc-ionar, *coa-ccionar).

14.1c Grupos consonánticos con *h* al final del renglón

■ Un renglón nunca puede empezar ni terminar con *nh, sh, xh, rh, lh, dh…*:

*de- / shinibir; *i- / nhibición; *inh- / ibición; *desh- / echo;
*a- / dhesión; *adh- / esión; *e- / xhibir; *clo- / rhidrato.

ⓘ Lo correcto es: *deshi-nibir; inhi-bición; deshe-cho; adhe-sión; exhi-bir; clorhi-drato*.

14.1d Grupos consonánticos delante de otra consonante al final del renglón

■ Los grupos consonánticos que preceden a otra consonante constituyen una misma sílaba, distinta de aquella que empieza con otra consonante; como una sílaba no puede separar sus componentes, el grupo consonántico en cuestión nunca podrá romperse al final del renglón:

*tran- / sformar; *pos- / tgrado; *is- / tmo; *su- / brayar;
*ad- / hesión; *al- / haja.

ⓘ Las sílabas son *trans-for-mar; post-gra-do; ist-mo; sub-ra-yar; a-dhe-sión; a-lha-ja*.

14.1e Prefijos y otros componentes al final del renglón

■ Se permite partir la sílaba cuando la palabra es prefijada o compuesta; el componente con que empieza el siguiente renglón existe como palabra autónoma y el primer componente se siente hoy como tal:

des- / armar; mal- / educado; nos- / otros, vos- / otros; super- / elegante; semi- / abierto.

■ Por la misma razón, podrá partirse también un hiato en estas circunstancias:

hispano- / americano; anglo- / egipcio; pre- / aviso.

• No obstante, lo preferible en estos casos es la división silábica: *de-sarmar; ma-leducado; no-sotros; vo-sotros; semia-bierto…*

• Sin embargo, en casos como el de *super-elegante*, no se podría dividir en *supe-relegante (aunque esta sea la pronunciación), porque al empezar el renglón con *r*, habría que leer *erre* y no *ere*.

14.1f Los dígrafos *ch*, *ll* y *rr* al final del renglón

■ Los dígrafos *ch*, *ll* y *rr* no pueden dividirse en la separación del renglón.

■ Pero se separará el grupo *rr* (r-r) cuando se une un prefijo acabado en *r* con una palabra que empieza también con *r*, ya que cada *r* en estos casos representa un sonido diferente:

super- / rico (*supe-rrico);
inter- / relacionado (* *inte-rrelacionado*).

14.1g La letra *x* al principio del renglón

■ Aunque, como ya se ha dicho (▶ § I.8.1), la *x* represente los sonidos de dos letras distintas (k+s), que pertenecen también a sílabas distintas, se puede empezar renglón con una *x:*

asfi- / xiar; fle- / xionar.

14.1h El grupo *tl*

■ Las letras del grupo *tl* se suelen pronunciar en España en sílabas diferentes *(at-le-ta; at-lé-ti-co)*, pero en América y Canarias en la misma sílaba *(a-tle-ta; a-tlé-ti-co)*, y ambas pronunciaciones son correctas; de ahí que también se admitan dos separaciones diferentes al final de renglón:

transat- / lántico (España); transa- / tlántico (América).

14.1i Palabras compuestas con guion al final del renglón

■ En el caso de tener que separar una palabra compuesta mediante guion, este debe repetirse en el comienzo del siguiente renglón delante del segundo componente de la palabra:

lingüístico- / -literario; político- / -social.

📑 OBSERVACIONES

▶ Ni las <u>siglas</u> no lexicalizadas ni las <u>abreviaturas</u> se pueden partir al pasar de un renglón a otro: **MI-BOR; *Il-mo*.

▶ Debe evitarse que, al separar una palabra en el paso de un renglón a otro, el segmento con que empieza el nuevo renglón coincida con una palabra malsonante: *obstá-culo; dis-puta; hus-mear*, etc.

▶ Cuando una palabra lleva *h* intercalada entre vocales pero forma parte de un diptongo, se admite su separación a otro renglón con la *h* como primera letra siempre que el segmento correspondiente no sea palabra autónoma: *semi- / hielo; semi- / hueco* (en estos casos, se cumple la regla de un prefijo y una palabra autónoma).

---

§I.15 Ortografía de los compuestos

15.1 Compuestos que se escriben en una o en dos palabras

■ Ya antes de la aparición de la *Ortografía de la lengua española* (1999) y del *Diccionario panhispánico de dudas* (2005), la

Real Academia permitía escribir en una o dos palabras compuestos como *aprisa* y *a prisa; rajatabla (a)* y *raja tabla (a); camposanto* y *campo santo; contrarreloj* y *contra reloj; hierbabuena* y *hierba buena,* etc.

■ La escritura en una sola palabra se justifica porque el primer componente se pronuncia átono. De hecho, otras palabras del mismo tipo se escriben solo en una palabra: *balonmano, baloncesto, tiovivo…*

■ Pues bien, con este criterio las Academias han ampliado considerablemente los compuestos de este tipo escritos en una sola palabra (es ahora lo preferido, aunque también es válida la escritura en dos palabras), del tipo *arcoíris, puercoespín,* etc. A continuación puede consultarse una lista de compuestos de esta clase:

aguanieve	*agua nieve*	*cortocircuito*	*corto circuito*
aguaviento	*agua viento*	*decimoprimero(-a)*	*décimo(-a) primero(-a)* (así hasta el ordinal de *diecinueve*)
alrededor	*al rededor*		
altamar	*alta mar*		
altorrelieve	*alto relieve*	*deprisa*	*de prisa*
aposta	*a posta*	*enfrente*	*en frente*
aprisa	*a prisa*	*enhorabuena*	*en hora buena*
arcoíris	*arco iris*	*enseguida*	*en seguida*
asimismo	*así mismo*	*entre medias*	*entremedias*
bajorrelieve	*bajo relieve*	*entretanto*	*entre tanto*
bienvenida	*bien venida*	*guardiacivil*	*guardia civil*
bocabajo	*boca abajo*	*guardiamarina*	*guardia marina*
bocarriba	*boca arriba*	*hierbabuena* (o *yerbabuena*)	*hierba buena* (o *yerba buena*)
camposanto	*campo santo*	*hierbaluisa* (o *yerbaluisa*)	*hierba luisa* (o *yerba luisa*)
caradura	*cara dura (ser un, -a)*	*infraganti*	*in fraganti*
cielorraso	*cielo raso*	*librecambio*	*libre cambio*
claroscuro	*claro oscuro*	*librecambista*	*libre cambista*
contrarreloj	*contra reloj*		

machamartillo	macha martillo (a)	quemarropa	quema ropa (a)
malhumor	mal humor	quintaesencia	quinta esencia
maltrato	mal trato	rajatabla	raja tabla (a)
matacaballo	mata caballo (a)	sobremanera	sobre manera
medialuna	media luna	sobremodo	sobre modo
medianoche	media noche	tiquismiquis	tiquis miquis
medioambiente	medio ambiente	tocateja	toca teja (a)
Nochebuena	Noche Buena	tosferina	tos ferina
Nochevieja	Noche Vieja	trochemoche	troche moche (a)
padrenuestro	padre nuestro	vigesimoprimero(-a)	vigésimo(-a) primero(-a) (así hasta el ordinal de veintinueve)
pavorreal (preferida en América)	pavo real		
puercoespín	puerco espín		

• Muchos de los compuestos anteriores en una sola palabra aparecen por primera vez en el *Diccionario panhispánico de dudas* que las Academias de la Lengua Española publicaron en 2005.

• En todos estos casos las Academias prefieren la escritura en una sola palabra, excepto en *entre medias, in fraganti, mal humor* y *pavo real*.

• Los plurales de los sustantivos de la lista anterior han de ser coherentes con la forma: *los arcoíris* y *los arcos iris; los guardiaciviles* y *los guardias civiles; los puercoespines* y *los puercos espines; las mediaslunas* y *las medias lunas; las Nochebuenas* y *las Noches buenas,* etc.

• La escritura en una sola palabra puede suponer cambios ortográficos; así, mientras que *iris* no se acentúa, *arcoíris* sí lleva tilde por la necesidad de marcar el hiato; *altorrelieve* y *bajorrelieve* deben escribirse con **rr,** y *decimoprimero,* etc., *vigesimosegundo,* etc. pierden la tilde del primer componente.

> ❶ Las Academias ya reconocen validez normativa a las formas *decimoprimero(-a)* —o *décimo(-a) primero(-a)*— y *decimosegundo(-a)* —o *décimo(-a) segundo(-a)*—, que antes se consideraban incorrectas, ya que para estos ordinales existían las formas respectivas *undécimo(-a)* y *duodécimo(-a)*. Ahora son válidas las dos opciones.

• Las formas *caradura* y *cara dura,* con las dos opciones, pero con preferencia para la primera, se refieren al sustantivo o adjetivo que significa 'sinvergüenza': [*ser alguien*] *un(-a) caradura*. Con el significado de 'osadía', se ha de usar la segunda opción: *Tienes mucha cara dura* (mejor que *caradura*).

• Las formas *enhorabuena* y *en hora buena* son opciones en su uso adverbial o interjectivo: *Que sea enhorabuena (en hora buena); ¡Enhorabuena! (¡en hora buena!).* Como sustantivo (*dar la enhorabuena*) o como parte de la locución [*estar*] *de enhorabuena* se escribe en una sola palabra.

• Las opciones *mal humor* y *malhumor* se refieren al sustantivo; fuera de este uso, se escribe siempre en dos palabras: *Tiene un mal humor (un *malhumor)…; Hoy estoy de mal humor (*de malhumor).*

• Cuando nos referimos al Cuerpo de la *Guardia Civil,* hay que escribir este compuesto separado.

• *Medianoche* y *media noche* son opciones cuando son sustantivos; se escribe solo en dos palabras si se trata de la locución *a media noche (Se vieron a media noche)* o de un grupo nominal (*Estuve media noche sin dormir*).

• El adjetivo *medioambiental* se escribe solo en una palabra, aunque el sustantivo pueda escribirse en dos: *Política medioambiental.*

• El plural *maltratos* alterna con el de *malos tratos.*

• La forma *bienvenida* se escribe en una sola palabra cuando es sustantivo (*dar la bienvenida),* pero se puede escribir en una (es lo preferido) o en dos si se trata de la suma del adverbio *bien* y el participio *venida: Bienvenida (bien venida) a esta casa, señora.*

• La forma *así mismo* puede ser variante de *asimismo*, o bien la suma del adverbio modal *así* y el adjetivo *mismo: Se quedó así mismo, como un fetito.*

• Aunque las Academias aconsejan ahora la forma *altamar* como preferida, también dan como válida la forma *alta mar;* no hacen lo mismo con *bajamar,* forma para la que no se admite **baja mar.*

15.2 Otros aspectos sobre la ortografía de los compuestos

15.2a Compuestos que se escriben con un guion

■ Se escriben con guion los adjetivos que mantienen tónicos los dos elementos de una palabra que se concibe como una unidad conceptual:

teórico-práctico; ascético-místico; físico-químico; lingüístico-literario; jurídico-administrativo.

• Sin embargo, se escribirán en una sola palabra los compuestos de este tipo cuyo primer elemento se haya hecho claramente átono o no exista de forma autónoma:

hispanoamericano, asturleonés, navarroaragonés, castellanoleonés, castellanomanchego, angloegipcio, angloamericano, grancanario, catalanoparlante, catalanobalear, serbocroata.

ⓘ No obstante, en el *Diccionario* académico de 2001 se recogen también las formas *castellano-leonés* y *castellano-manchego,* que, a nuestro juicio, no se justifican.

■ En los compuestos con guion, solo es sensible a la concordancia el segundo componente, no el primero: *cuestión teórico-práctica; novedades jurídico-administrativas.*

15.2b Compuestos que se escriben en dos palabras

■ Cuando dos sustantivos forman un compuesto en el que el segundo es aposición del primero, deben escribirse separados y sin guion.

hora punta, piso piloto, palabra clave, coche bomba,
hombre rana, casa cuartel, ciudad dormitorio, coche cama,
mesa camilla, cama nido, perro policía, empresa líder.

---

❶ Algunos de estos compuestos pluralizan los dos elementos
(*palabras claves*, *empresas líderes*), y otros solo el primero:
horas punta, *pisos piloto*, etc.

■ Ahora bien, cuando la suma de los dos sustantivos se refiere
a un objeto que tiene rasgos del significado de uno y rasgos del
significado del otro, no parece incorrecta la separación con
guion *(coche-cama; mesa-camilla; cama-nido; casa-cuartel)*,
aunque las Academias no dicen nada al respecto.

▰▰▱ 15.3 Ortografía de los compuestos con prefijos

■ Como regla general, todo prefijo debe escribirse unido a la
base léxica y sin guion. Por tanto, se escribe:

antigás, antipolilla, bimotor, contracultura, contraespionaje,
extraversión, hipersensible, interrelacionado, intravenoso,
multiusos, neoliberal, posparto, prerromanticismo,
preuniversitario, proárabe, pseudocultura, requetebién,
superfácil, vicerrector.

■ Ahora bien, cuando hay que unir un prefijo a un nombre
propio o a una sigla, se pondrá el guion para que no aparezca
la letra mayúscula en medio de la palabra:

anti-Estados Unidos; anti-OTAN; super-Alemania;
anti-Unión Europea.

■ Únicamente el prefijo *ex* seguido de sustantivos de persona
o de colectivos de persona, o también de algún adjetivo genti-
licio como en [república] *ex soviética (ex yugoslava)* se escribe
separado de su base léxica por tener una función cercana a la
de un adjetivo con el significado de 'antiguo':

ex mujer; ex marido; ex alumno; ex equipo; ex empresa;
ex jugador; ex campeón.

✍ OBSERVACIONES

▶ Los ordinales a partir de *trigésimo primero* se escriben <u>siempre</u> en dos palabras o más: *cuadringentésimo cuadragésimo tercero* (443°).

▶ La palabra *todoterreno* no admite su escritura en dos palabras, ni siquiera con guion.

▶ El nombre común *avemaría* (pl.: *avemarías*) no admite su escritura en dos palabras (**ave maría*), a no ser que sea el nombre propio de una obra (*El 'Ave María' de Schubert*). La interjección siempre se escribe en dos palabras: *¡Ave María!*; *Ave María, ¿me pueden dar una limosna?*

▶ Las razones que pueden influir en que se escriba separado el prefijo *ex* pueden ser:

• La facilidad con que se sustantiva como si fuera un adjetivo: *mi ex; un ex del colegio*, etc.

• La posibilidad de pronunciarlo tónico.

• La posibilidad de que acompañe a algunos compuestos sintácticos como *ex primer ministro; ex alto cargo; ex guardia civil; ex primera dama*.

• La posibilidad, aunque aún escasa, de que preceda a otros adjetivos (*el ex formidable delantero del Barcelona...*).

• La posibilidad de que acompañe a un nombre que ya tiene otro prefijo: *ex vicerrector* (este rasgo lo comparte con *súper*: *súper vicerrector*).

§ I.16 Ortografía de *porque*, *por que*, *porqué* y *por qué*

16.1 Las formas *porque* y *por que*

■ Ambas formas son átonas, por lo que no debe aparecer tilde en ellas.

■ La forma *porque* es la conjunción causal, equivalente a otras como *ya que*, *puesto que* o *como* (esta, cuando empieza enunciado):

No he aprobado porque apenas había estudiado.
Porque ('como') apenas había estudiado, no he aprobado.
El suelo está mojado porque ha llovido.
Ha llovido, porque el suelo está mojado.

■ Cuando *porque* se emplea con valor final ('para que', 'a fin de que'…), se puede escribir también en dos palabras:

Trabajo porque (por que) mis hijos puedan estudiar.

■ La forma *por que* presenta dos valores gramaticales:

• La suma de la preposición *por* y el relativo *que;* en estos casos siempre es posible intercalar el artículo:

La razón por (la) que dimitió solo la conoce él.
La calle por (la) que pasa todos los días ya está asfaltada.
Desconocemos los motivos por (los) que se fue de casa.

• La suma de la preposición *por* y la conjunción completiva *que.* Se trata de casos en los que la preposición está exigida o regida por otra palabra de la oración (un verbo, un nombre o un adjetivo), en ellos no cabe, por tanto, la sustitución por *ya que, puesto que, pues, como*…:

El alumno se inclina por que el profesor le mande un trabajo de investigación.
Que el Sevilla gane la liga pasa por que gane en el campo del Betis.
Siento la preocupación por que sea ya demasiado tarde.
Estoy preocupado por que mis hijos no puedan ir a la universidad.
El Gobierno abogó por que acudiera mucha gente a la manifestación.

16.2 Las formas *porqué* y *por qué*

■ La forma *porqué* es un sustantivo y, como tal, es una palabra tónica aguda acabada en vocal; de ahí la tilde. En estos casos, siempre se introduce con un determinante (artículo, demostrativo, posesivo, indefinido…), puede pluralizarse y es sinónimo de palabras como *motivo* o *razón:*

Desconozco el porqué ('el motivo') de su dimisión.
Desconozco los porqués de su dimisión.
No sé si hay algún porqué ('motivo') que lo explique.
No sé si hay algunos porqués que lo expliquen.

■ La forma *por qué* es la suma de la preposición *por* y del interrogativo-exclamativo (o del relativo tónico) *qué*:

¿Por qué lo habéis contado? Dime por qué lo habéis contado.

¡Por qué se lo habré dicho! Es una pena por qué lo han suspendido.

---

❶ Encontramos el relativo tónico *qué* en *No tengo por qué decírtelo; No hay por qué asustarse; No encuentra qué llevarse a la boca* (▶ § II.**7.3**a).

---

§ I.17 Ortografía de las formas *conque, con que* y *con qué*

17.1 La forma *conque*

■ Es palabra átona; se trata de la conjunción consecutiva o ilativa equivalente de *así que, luego, por tanto*:

Ya habéis jugado mucho, conque poneos a estudiar un rato.

Conque de juerga, ¿eh?

¡Conque no pasaba nada! —Pues ya veis que sí ha pasado.

17.2 La forma *con que*

■ Presenta dos valores gramaticales:

• Puede ser la suma de la preposición *con* y el relativo *que*. En estos casos, siempre cabe la posibilidad de poder intercalar el artículo:

Este es el ordenador con (el) que escribí el libro.

La guitarra con (la) que toco está desafinada.

• Puede ser la preposición *con* y la conjunción completiva *que*:

Con que escribáis dos páginas es suficiente. Me conformo con que escribáis dos páginas.

17.3 La forma *con qué*

■ Es la suma de la preposición *con* y del interrogativo-exclamativo (o el relativo tónico) *qué:*

> ¿Con qué lo habéis hecho? Decidme con qué lo habéis hecho.
> ¡Con qué ganas trabaja! Es una maravilla con qué ganas trabaja.

ℹ Encontramos el relativo tónico *qué* en *No tengo con qué hacerlo* y en *No hay con qué hacerlo* (▶ § II.7.3a).

---

§
I.18 Ortografía de las formas *sino* y *si no*

18.1 La forma *sino*

■ Es una palabra átona; se trata de una conjunción coordinante adversativa como *pero:* opone dos conceptos, dos estados o dos acciones.

■ Cuando coordina oraciones con verbo en forma personal, va seguida de la conjunción *que:*

> No fui yo sino mi hermano.
> No es tonto sino aburrido.
> No canta sino que berrea.

■ También equivale a *más que, otra cosa que:*

> El niño no hace sino ('más que') llorar.
> No nos da sino ('otra cosa que') disgustos.

18.2 La forma *si no*

■ Es la suma de la conjunción condicional *si* y el adverbio negativo **tónico** *no:*

> Si no vienes, no te lo cuento.
> Te lo cuento si no se lo dices a nadie.
> Si vienes, te lo cuento; si no, no.
> Si comes, te pondrás bien; si no, no te pondrás bien.

■ Es frecuente usar esta forma en entornos exclamativos, en los que el valor condicional se difumina:

¡Si no ha terminado todavía!
¡Si no he sido yo!
Pero ¡si no llueve!
¡Si no hubiera llovido…!

§ I.19 Ortografía de las formas *haber* y *a ver*

19.1 La forma *haber*

■ Es la correspondiente al verbo *haber:*

Debe de haber alguien en casa.
Puede haber salido.
Tiene que haber estado aquí.
Va a haber fiesta en el pueblo.

19.2 La forma *a ver*

■ Es la suma de la preposición *a* y el verbo *ver* (con significado literal o metafórico):

¡A ver cómo te portas!
Voy a ver a mis amigos.
Vamos a ver qué tal.
A ver, tú, ¿cómo te llamas?
¡A ver!, no hemos podido hacer otra cosa.

ℹ️ Ténganse en cuenta enunciados como el siguiente en que aparecen *haber* y *a ver: Va a <u>haber</u> que ir <u>a ver</u> a tu abuela al hospital* (= 'Habrá que ir a ver a...').

---

§ I.20 Ortografía de las formas contractas *al* y *del*

20.1 Las formas *al* y *del* con nombres comunes

■ Como en la pronunciación, también en la ortografía lo normal es que las preposiciones *a* y *de* seguidas del artículo *el* se

junten en una sola palabra contracta (*al* y *del* respectivamente)
delante de cualquier nombre común:

Voy al médico.
Vengo del médico.

> ❶ Es error escribir y pronunciar **Voy a el médico, *Vengo de el médico.*

20.2 Las formas *al* y *del* con nombres propios

■ No obstante, deben separarse tales preposiciones del artículo:

• Cuando este forma parte de un nombre propio:

Vamos a El Cairo.
Viene de El Salvador.
Nos dirigimos a El Escorial.

• Del título de una obra:

Una escena de *El señor de los anillos*.
Una página de *El extranjero* de Camus.

• Del nombre de un periódico o revista, etc.:

Una página de *El País*.

> ❶ Es incorrecto escribir **al Cairo; *del Salvador; *al Escorial, *del País; *del Extranjero…; *del Señor de…;* aunque en la pronunciación lo normal sean las formas contractas.

■ Ahora bien, la contracción en la escritura es obligada:

• Si el artículo que acompaña al nombre propio no forma parte de él:

Un cuadro del Greco.

• Si se puede suprimir:

Vamos al Perú (Vamos a Perú).
Nos dirigimos al Ecuador (Nos dirigimos a Ecuador).

• Si el nombre propio no es el verdadero título de una obra sino una parte:

Unas páginas del *Quijote*.
Una edición del *Lazarillo*.

• Si se sobrentiende un sustantivo genérico como *río, periódico*:

Unas páginas del *ABC*.
El cauce del Amazonas.

• Si se trata de un sobrenombre o apodo:

La vida del Nani.

§I.21 Ortografía de otras formas

21.1 Las formas *demás* y *de más*

■ Distíngase la forma *demás* (pronombre indefinido) de la suma de la preposición *de* y el adverbio *más*:

Juan, Pedro y demás familia	Tengo tres euros de más
Lo demás ('lo otro') es para ti	Lo de menos es que no vaya a clase, lo de más es que no quiere estudiar
Haré eso y lo demás ('lo otro')	Hizo lo otro y lo de más allá

21.2 Las formas *tampoco* y *tan poco*, *también* y *tan bien*

■ Distínganse las formas *tampoco* (adverbio de negación, antónimo de *también*) de la suma de *tan* y *poco*:

Yo tampoco lo sabía. Yo sabía tan poco…

■ Distínganse asimismo las formas *también* (adverbio de afirmación, antónimo de *tampoco*) de la suma de *tan* y *bien*:

Yo también lo sabía. Yo lo sabía tan bien…
Marta canta también. Marta canta tan bien…

21.3 Las formas *aparte* y *a parte*

■ Distínganse las formas *aparte* (adverbio de lugar y sustantivo) de la suma de la preposición *a* y el sustantivo *parte*:

Ponlo aparte. El actor hizo un aparte. Aparte de Juan, nadie más lo sabía.

Logramos salvar a parte del equipo. A parte de los deportistas
no les sentó bien la cena.

21.4 Las formas *hay, ahí* y *ay*

■ Distínganse las formas *hay* (del verbo *haber*), *ahí* (adverbio
de lugar) y *ay* (interjección y sustantivo):

Ahí no hay quien diga ¡ay!
Por ahí no se va a ningún sitio.
Siempre hay quien no quiere estar ahí.
Dejó escapar un ay lastimero.

21.5 Palabras con *ee* y con *e*

■ Las Academias de la Lengua Española no muestran una preferencia homogénea en cuanto a la reducción de *ee > e*. A continuación mostramos una relación de pares de palabras, con *ee*
y con *e*, marcando en cursiva las preferidas en cada caso y con
un asterisco, las consideradas incorrectas:

sobrentender	sobreentender	remplazar	*reemplazar*
sobresdrújula	sobreesdrújula	rencuentro	*reencuentro*
sobrexceder	sobreexceder	*sobrexcitar	*sobreexcitar*
es (plural de e)	ees	*sobrempeine	*sobreempeine*
rembolsar	*reembolsar*	*sobredificar	*sobreedificar*
rembolso	*reembolso*	*sobrescribir*	*sobreescribir
remplazo	*reemplazo*	*sobrescrito*	*sobreescrito

21.6 Palabras con *oo* y con *o*

■ No se reduce *oo > o* en las palabras siguientes: *coordinar (coor-
dinada, coordinante, coordinación)* y *cooperar (cooperante, coope-
ración);* por tanto, son incorrectas sus parejas con una sola *o*.

■ Sí ocurre, y es lo único correcto, en *radioyente, decimoc-
tavo(-a), monóxido, vigesimoctavo(-a),* y son incorrectas sus
parejas con *oo*.

ℹ Sin embargo, aunque se trata de una palabra no registrada aún
por el *Diccionario* académico, es opcional la escritura de *ginecobs-
tetra* y *ginecoosbtetra* (con preferencia para la primera forma).

21.7 Palabras con *aa* y con *a*

■ Las Academias de la Lengua Española no muestran una preferencia homogénea en cuanto a la reducción de *aa* > *a*. A continuación mostramos una tabla con una relación de pares de palabras con *aa* y con *a*, marcando en cursiva las preferidas en cada caso, y con un asterisco, las consideradas incorrectas:

contralmirante	contraalmirante
portaviones	portaaviones
guardagujas	*guardaagujas
paraguas	*paraaguas
*contrataque	*contraataque*
*contrarmadura	*contraarmadura*
*contraviso	*contraaviso*

◪ OBSERVACIONES

▶ En pro de la simplificación y del acercamiento a lo que se pronuncia, podría proponerse la norma general de que, en todos los casos expuestos, se prefieran las formas con una sola vocal. Solo en los casos en que la simplificación pudiera provocar que dos palabras distintas acabaran escribiéndose igual, con la consiguiente confusión *(relevar* y *reelevar)*, podría establecerse la excepción.

▶ La simplificación quizá debiera llevarse a los casos con dos íes, como *antiincendios, antiinflamatorio(-a), antiimperialista, antiimperialismo;* no sería ello posible en palabras con *h* entre las vocales: *antihigiénico, antihistamínico,* etc.

21.7 Ortografía de las abreviaturas

■ Una abreviatura debe acabar siempre en consonante, salvo cuando la letra final de la abreviatura se corresponda con la letra final de la palabra: *adv.* ('adverbio'), no **adve.; suj.* ('sujeto'), no **suje.; direcc.* ('dirección'), no **dire.*, etc.

■ La abreviatura de *etcétera* es *etc.* y no **ect.;* la de *pesetas* puede ser *ptas.* o *pts.*

■ Las abreviaturas correctas de *don* y *doña* son respectivamente *D.* (no **Dn.*) y *Dª* (también se admite *Dña.*).

II

La acentuación

Ortografía práctica del español

Instituto Cervantes

§ II.1 Utilidad de la acentuación

■ Las reglas de acentuación en español son convencionales, pero son necesarias por los motivos siguientes:

• El español es una lengua con palabras de una, dos, tres o más sílabas, que pueden llevar el acento en cualquiera de ellas, por lo que es una lengua de orden libre en el aspecto acentual: el acento puede recaer en la última, penúltima, antepenúltima sílaba, o en la anterior a la antepenúltima. Ello implica que la presencia/ausencia de la tilde puede diferenciar significados:

ánimo	animo	animó
cálculo	calculo	calculó
continuo	continúo	continuó
hábito	habito	habitó
por que	por qué	
con que	con qué	
sabia	sabía	
venia	venía	

• De la misma manera, podemos distinguir los significados de grupos de palabras, como en:

El vino de Jerez	Él vino de Jerez
El ánimo	Él animó
No tengo qué comer ('no tengo nada para comer')	No tengo que comer ('no estoy obligado a comer')
Quiero saber qué comes	Quiero saber que comes
No sé nada	No se nada ('no se puede nadar')

• Por otro lado, aunque el contexto nos ayude a no confundir significados de palabras o de grupos de palabras en el supuesto de que no hubiera tildes, siempre tendríamos problems para leer y comprender rápidamente los textos. Se producirían, con seguridad, momentos de vacilación en una lectura rápida y espontánea de cualquier texto. Así, ante una oración como:

*el animo a los jugadores

sin acentos o tildes en las palabras *el* y *animo,* con toda seguridad vacilaríamos en la lectura en un primer momento, hasta percatarnos de que si tenemos un complemento como *a los jugadores,* la palabra anterior tiene que ser un verbo, y la forma *el* su sujeto y, por tanto, un pronombre. Solo si aparecen con sus tildes respectivas las palabras *él* y *animó,* podremos leer el texto de corrido, sin vacilaciones, y conseguir una comprensión rápida de su contenido.

■ Así pues, la acentuación en español podrá ser convencional, que lo es, pero no es un capricho de los académicos o de los lingüistas; es una necesidad para saber cómo hay que pronunciar una palabra, para distinguir en muchos casos significados y para contribuir a facilitar la comprensión rápida de lo que leemos.

§ II.2 Palabras tónicas y palabras átonas

2.1 Palabras tónicas

■ Son todas las que en el discurso (no de forma independiente) presentan destacada una de sus sílabas por pronunciarse con más intensidad y con mayor nitidez articulatoria que las demás. En el caso de que la palabra conste de una sola sílaba, será tónica si en el discurso no necesita apoyarse en otra palabra posterior para marcar la intensidad. Así, en un texto como el que sigue entendemos que son tónicas todas las palabras en las que una de sus sílabas viene resaltada con letras mayúsculas, y comprobamos que algunas no llevan este resalte: *lus, de, contra, los, del.* Estas necesitan apoyarse en otra palabra posterior:

alGUnos viaJEros obserVAban COmo las GOtas de LLUvia
golpeAban FUERteMENte contra los crisTAles del TREN.

■ Por otra parte, esas sílabas que hacen que la palabra sea tónica, se conocen también como **sílabas tónicas,** frente al resto de las sílabas; y las vocales de esas sílabas tónicas son igualmente **vocales tónicas.** Así pues, hay **palabras tónicas, sílabas tónicas** y **vocales tónicas.**

■ En general, son tónicas las palabras siguientes:

- Los nombres o sustantivos.
- Los adjetivos.
- Los verbos en todas sus formas.
- Los articulos indeterminados *(un, una, unos, unas).*
- Los demostrativos.
- Los posesivos plenos (no apocopados).
- Los numerales.
- Los indefinidos (excepto el distributivo *cada).*
- La mayoría de los adverbios.
- Las interjecciones.
- La preposición *según.*
- Los pronombres personales (excepto las formas *me, te, se, le, les, la, las, lo, los, nos, os).*
- El relativo *(el-la-lo) cual, (los-las) cuales.*
- Los interrogativos o exclamativos *(quién, cuál, qué, cuánto, dónde, cuándo, cómo).*

▮▮ 2.2 Palabras átonas

■ Son todas las que, en su uso en el discurso, no presentan ninguna de sus sílabas destacadas por intensidad o nitidez articulatoria respecto de otras palabras. Necesitan apoyarse en la palabra posterior, siempre que esta sea tónica.

■ Son átonas las palabras siguientes:

- Los artículos determinados *(el, la, lo, los, las)*.

- Los pronombres personales llamados clíticos *(me, te, se, le, les, la, las, lo, los, nos, os)*.

- Las preposiciones, excepto *según*.

- Las conjunciones coordinantes *(y, e, o, u, mas, pero, sino, aunque)* y subordinantes *(que, si, como, cuando, porque, con-que)*.

- Los posesivos apocopados *(mi-mis, tu-tus, su-sus)* y las formas también posesivas *nuestro(-a-os-as), vuestro(-a-os-as)* cuando van antepuestas a un sustantivo.

- El relativo *cuyo(-a-os-as)*.

- Los pronombres y adverbios relativos *(que, quien-es, don-de, adonde, cuando, como, cuanto)*.

- El adverbio de cantidad *tan* (aunque en algunas zonas tiende a pronunciarse tónico).

■ Todas las sílabas y vocales de una palabra átona son igualmente átonas. Son, pues, átonas las palabras que aparecen en cursiva en los enunciados siguientes:

Les di *a tus* amigos un regalo *de* Navidad *para que* estuvieran contentos, *pero* no *lo* agradecieron.

Cuando vengáis *a* verme, dejáis *el* regalo *donde os* dije *el* otro día, *porque* irá *mi* madre *a* recogerlo *tan* pronto *como se lo* diga.

Quienes tengan *nuestros* abrigos, *que nos los* den *lo* antes posible.

■ Ninguna palabra, sílaba o vocal átonas llevarán tilde.

ℹ **Se exceptúa la conjunción o, que lleva tilde entre dos cifras para no ser confundida con un cero.**

■ Conviene distinguir los relativos átonos *quien-quienes, que, donde, cuando, como, cuanto(-a-os-as)*, de sus formas tónicas interrogativas o exclamativas correspondientes *quién-quiénes, qué, dónde, cuándo, cómo, cuánto(-a-os-as):*

Quien lo sepa, que lo diga	*¿Quién* lo sabe?	*¡Quién* pudiera!
No tengo *quien* me ayude	No sé *quién* lo hizo	Es lamentable a *quién* han elegido rector
Lo dejo *donde* me dijiste	*¿Dónde* lo vas a dejar?	*¡Dónde* te has metido!
Voy *(a)donde* tú quieras	Dime *(a)dónde* vas	No sabes *dónde* te metes

■ Los adverbios acabados en *-mente* constituyen la única clase de palabras que se caracterizan por tener dos sílabas tónicas, la del primer componente (un adjetivo) y la del segundo (el sustantivo *mente*): *FUERteMENte, estuPENdaMENte, ágilMENte...*

⊡ OBSERVACIONES

▶ Cuando hay intención enfática, podemos o solemos hacer tónicas sílabas o palabras que normalmente son átonas: *IMponente, IMpresionante, es TAN bueno, dímeLO...*

▶ Estas pronunciaciones enfáticas no se tienen en cuenta a la hora de aplicar las reglas de colocación de la tilde.

▶ Hay compuestos que cuando se escriben en una sola palabra tienen una única sílaba tónica, pero cuando se escriben en dos o más palabras, cada componente mantiene su sílaba tónica: *asiMISmo/aSÍ MISmo; decimoterCEro/DÉcimo terCEro; arcoÍris/ARco Iris; tioVIvo/TÍo VIvo.*

 ## § II.3 La tilde

■ Se llama **tilde** la rayita oblicua que de derecha a izquierda (´) se coloca sobre la vocal de algunas palabras, tal y como se explicará a continuación.

■ Tradicionalmente se conocía —y todavía hoy se sigue conociendo— con el nombre de **acento ortográfico;** se diferenciaba así del llamado **acento prosódico**, que era lo que aquí hemos llamado **intensidad** y mayor nitidez articulatoria en las sílabas tónicas.

■ Por tanto, todas las palabras tónicas llevan acento prosódico, pero solo algunas llevan acento ortográfico o tilde.

§ II.4 Palabras agudas, llanas, esdrújulas y sobresdrújulas. Concepto y acentuación

4.1 Palabras agudas (también llamadas oxítonas)

■ Son todas las que tienen tónica la última sílaba:

reLOJ, camaleÓN, obserVAR, ciemPIÉS, ventaNAL maMUT, airBAG, iceBERG, recorDÓ, emperaTRIZ.

■ Llevan tilde solo las palabras agudas acabadas en vocal, en **-n** o en **-s:** *camaleón, ciempiés, recordó, anís, jabalí, dominó, donjuán, café, vermú, jamás…*

■ Si una palabra aguda termina en **-s** pero va precedida de otra consonante, aunque esta sea una **n,** no lleva tilde: *Orleans, mamuts, vermuts* (frente a *vermús*), *airbags,* etc.

• Como la letra **x** representa el sonido [ks], las palabras agudas acabadas en esta consonante no se acentúan: *telefax, burofax.*

■ Las palabras tónicas de una sola sílaba (monosílabos tónicos) son siempre agudas, pero **nunca** llevan tilde porque hay una regla que dice que los monosílabos no se acentúan aunque terminen en vocal, **-n** o **-s:** *tren, dio, Dios, bien, son, pan, fan, fue, fui, vio, des, gay,* etc.

• No obstante, hay algunos monosílabos tónicos que hay que acentuar, al margen de cómo sea su terminación, para diferenciarlos de otros que se escriben igual pero que se pronuncian átonos (▶ § II.6.2).

• En las palabras agudas tónicas acabadas en **-y** precedida de otra vocal, no se pone nunca tilde porque, aunque la pronunciación de esa **-y** es como la de una vocal, se considera consonante **a efectos de la acentuación.** De ahí que escribamos *virrey* (**virréy*), *espray* (**espráy*), *Bernuy* (**Bernúy*), *Paraguay* (**Paraguáy*).

• Las palabras extranjeras acabadas en **-y** precedida de vocal recientemente castellanizadas por las Academias de la Lengua Española hacen el plural en **-s** (no en **-es,** que era lo tradicional: *convoy-convoyes; virrey-virreyes…*) y la **-y** se convierte en *i* latina, pasando a ser palabras agudas acabadas en **-s,** por lo que, según la regla general, es preciso acentuarlas: *espráis, samuráis, escáis…*

4.2 Palabras llanas (también llamadas graves y paroxítonas)

■ Son todas las que tienen tónica la penúltima sílaba (leyendo de derecha a izquierda):

MÁStil, veroSÍmil, impeCAble, eXAmen, DÓcil, sinTAxis, CLAxon, MÁSter, QUÓrum, MItin, voLUmen, esTIÉRcol.

■ Llevan tilde todas las palabras llanas menos las terminadas en vocal, en **-n** o en **-s:** *mástil, verosímil, dócil, máster, quórum, estiércol, fútil, carácter, cáliz, césped, módem, esprínter, cómic, sándwich, alférez…*

■ Cuando una palabra llana acaba en **-s** precedida de otra consonante, aunque esta sea **-n,** debe acentuarse: *bíceps, fórceps, módems, cómics, [delírium] trémens,* etc.

• Como la letra **x** representa el sonido [ks], las palabras llanas acabadas en esta consonante deben acentuarse: *clímax, tórax, ántrax…*

■ Las palabras llanas acabadas en **-y** (no hay palabras llanas de una sola sílaba) se acentúan todas porque esta letra se considera consonante en posición final **a efectos de la acentuación,** aunque se pronuncia como vocal: *disyóquey, yóquey, póney…*

• Sin embargo, los plurales de estas palabras no llevan tilde porque acaban en -*s* y siguen siendo palabras llanas; en estos plurales, la -*y* se convierte en *i* latina: *disyoqueis, yoqueis, poneis...*

■ Las palabras llanas castellanizadas recientemente por las Academias de la Lengua Española, que en su lengua de origen acaban en -*y* pero no llevan delante otra vocal, han convertido la *y* griega en *i* latina, por lo que todas ellas son palabras llanas acabadas en vocal. En consecuencia, se escribirán sin tilde: *penalty > penalti; panty > panti; body > bodi; derby > derbi,* etc.

▩ 4.3 Palabras esdrújulas y sobresdrújulas (o sobreesdrújulas)

■ Las esdrújulas son las que tienen como sílaba tónica la antepenúltima (contando de derecha a izquierda); por tanto, se trata de palabras que tienen como mínimo tres sílabas:

CÁNtaro, eXÁmenes, TRÁelo, Dínoslo, HÉroe, aÉreo, reGÍmenes, TRÁvelin, MÁnager, MÁSteres, CHÁNdales, CLÁxones.

■ Las palabras sobresdrújulas son las que tienen como sílaba tónica la anterior a la antepenúltima sílaba; por tanto, deben constar de al menos cuatro sílabas:

deVUÉlvemelo, enTRÉguenoslo, diGÁmoselo, Óyemela, TRÁenoslo.

■ Tanto las palabras esdrújulas como las sobresdrújulas se acentúan sin excepción.

📋 **OBSERVACIONES**

▶ Hay que tener en cuenta que dos vocales abiertas (*a, e, o*) juntas constituyen sílabas diferentes; por eso la palabra *héroe* tiene tres sílabas y es esdrújula: *HÉ-ro-e* (frente a *heroico*, que tiene también tres: *he-ROI-co,* pero es llana) o la palabra *aéreo* que consta de cuatro sílabas y es igualmente esdrújula: *a-É-re-o.*

▶ En español solo son sobresdrújulas las palabras compuestas de una forma verbal seguida de dos o más pronombres personales átonos, tal y como se deduce de los ejemplos expuestos más arriba. No hay otro tipo de palabras sobreesdrújulas. Por eso, cuando tenemos un sustantivo esdrújulo en singular, pueden ocurrir dos cosas al formar su plural:

• Que la sílaba tónica se desplace a la siguiente: *RÉgimen > reGÍmenes (*RÉgimenes); esPÉcimen > espeCÍmenes (*esPÉcimenes)*.

• Que permanezcan invariables, como ocurre con algunas palabras esdrújulas extranjeras recientemente castellanizadas por las Academias de la Lengua Española: *el mánager/los mánager; el trávelin/los trávelin; el cáterin/los cáterin*, o con la palabra latina (incluida en el *Diccionario* académico) *ínterin: el ínterin/los ínterin* (los *ÍNterines).

§ II.5 Acentuación de diptongos, triptongos e hiatos

5.1 Concepto de diptongo

■ Se conoce como diptongo la unión de una vocal abierta *(a, e, o)* con una vocal cerrada *(i, u),* de una vocal cerrada con otra abierta, o de dos vocales cerradas juntas, pronunciadas siempre en una sola sílaba o, como se decía tradicionalmente, en un solo golpe de voz:

• **Con vocal abierta y cerrada:** *PAIsano, inFAUSto, TRAUma, iNAUdito, farmaCÉUtico*.

• **Con vocal cerrada y abierta:** *reVIENto, HUERta, enaGUA, lenGÜEta, lenGUAje*.

• **Con dos vocales cerradas:** *linGÜISta, CUIdado, CIUdadano*.

ℹ Las secuencias vocálicas que se encuentran en las sílabas destacadas con mayúsculas son los diptongos.

ℹ Como puede verse, hay diptongos que se encuentran en sílabas tónicas *(infausto, trauma, farmacéutico, reviento, huerta, lengüeta, lenguaje, lingüista)*, otros, por el contrario, se encuentran en sílabas átonas *(paisano, inaudito, enagua, cuidado, ciudadano)*.

■■ 5.2 Acentuación de los diptongos

■ Los diptongos de sílabas tónicas llevan tilde cuando lo requieren las reglas generales por las que se rigen las palabras agudas, llanas, esdrújulas y sobresdrújulas.

■ Ahora bien, cuando haya que acentuar un diptongo, siempre se hará poniendo la tilde en la **vocal abierta** en los casos en que haya una vocal de este tipo, o en la **segunda vocal** cuando el diptongo está formado por dos vocales cerradas:

cantáis, jerséis, mildéu (palabras agudas acabadas en **-s** y en vocal)	*recuentos, poneis* (plural de *póney*) (palabras llanas acabadas en **-s**)
estiércol (palabra llana que no acaba ni en vocal, ni en **-n** o **-s**)	*desahucio* (palabra llana acabada en vocal). La **h** intercalada de esta palabra, al no representar sonido alguno, no invalida el diptongo **-au-** que hay en la sílaba *-sahu-*
tráiler (palabra llana que no acaba ni en vocal, ni en **-n** o **-s**)	*pleura, gratuito* (palabras llanas acabadas en vocal)
farmacéutico, cuídate (palabras esdrújulas)	*fueron* (palabra llana acabada en **-n**)
devuélvemelo (palabra sobresdrújula)	*tedeum* (palabra aguda acabada en **-m.** División en sílabas: te-DEUM)

■ Cuando el diptongo se encuentre en una sílaba átona, nunca llevará tilde por razones obvias, pero se tendrá en cuenta que constituye una sola sílaba a efectos de considerar a la palabra en que se encuentra como aguda, llana, esdrújula o sobresdrújula, y poder acentuarla o no. En los ejemplos siguientes se marca en negrita la sílaba átona con diptongo, y en mayúscula, la sílaba tónica:

cantabais (palabra llana acabada en **-s:** no lleva tilde.
   División silábica: *can-TA-**bais***)
paisano (palabra llana acabada en vocal: no lleva tilde.
   División silábica: ***pai**-SA-no*)
cuidáis (palabra aguda acabada en **-s:** lleva tilde.
   División silábica: ***cui**-DÁIS*)

causabais (palabra llana con dos diptongos átonos acabada en *-s:* no lleva tilde. División silábica: **cau**-*SA*-**bais**)

causábamos (palabra esdrújula: lleva tilde. División silábica: **cau**-*SÁ*-*ba*-*mos*)

tenue (palabra llana acabada en vocal: no lleva tilde. División silábica: *TE*-**nue**)

conspicuo (palabra llana acabada en vocal: no lleva tilde. División silábica: *cons*-*PI*-**cuo**)

ℹ **No es infrecuente ver escritas en los medios de comunicación y en otros ámbitos palabras esdrújulas con diptongo tónico como los de *farmacéutico, náutico, cláusula, hermenéutico*, etc., con tilde en el segundo elemento del diptongo; se trata de un error que hay que erradicar: *farmaceútico, *naútico, *claúsula, *hermeneútico.**

ℹ **Téngase en cuenta que cuando haya que acentuar un diptongo formado por una vocal abierta y otra cerrada, <u>siempre se acentúa la abierta</u>; de lo contrario, el diptongo desaparece y la pronunciación se convierte en la de un hiato (▶ § II.5.5.c).**

▪ 5.3 Concepto de triptongo

◾ Un triptongo es la unión de tres vocales juntas pronunciadas en una sola sílaba o, como decía la tradición, en un solo golpe de voz. Para que haya triptongo, es obligado que la vocal del centro sea siempre abierta *(a, e, o)* y las otras dos cerradas *(i, u):*

atestiGÜÉIS, acuCIÁIS, MIAU, GUAU, averiGUÁIS.

▪ 5.4 Acentuación de los triptongos

◾ Los triptongos se acentúan igual que los diptongos; ahora bien, si hay que poner una tilde, se hará siempre en la vocal abierta, tal y como se ve en los ejemplos anteriores.

• Si las palabras *atestigüéis, acuciáis* y *averiguáis* llevan tilde, se debe a que son palabras agudas acabadas en *-s*.

5.5 Concepto de hiato y sus tipos

■ El hiato consiste en la unión de dos vocales contiguas que se pronuncian en sílabas diferentes o, como decía la tradición, en dos golpes de voz. Los tipos de hiatos en español son los siguientes (marcados en negrita en los ejemplos con división silábica):

5.5a Hiato formado por dos vocales abiertas

aéreo (división silábica: **a-é**-r**e-o**)
línea (división silábica: lí-n**e-a**)
coetáneo (división silábica: c**o-e**-tá-n**e-o**)
poético (división silábica: p**o-é**-ti-co)
canoa (división silábica: ca-n**o-a**)
creer (división silábica: cr**e-e**r)
contraatacar (división silábica: con-tr**a-a**-tacar)
cooperar (división silábica: c**o-o**-pe-rar)

5.5b Hiato formado por dos vocales cerradas iguales

chiita (división silábica: ch**i-i**-ta)
duunviro (división silábica: d**u-u**n-vi-ro)
Rociito (división silábica: ro-c**i-i**-to)
antiincendios (división silábica: an-t**i-i**n-cen-dios)
chií (división silábica: ch**i-í** se acentúa por ser palabra aguda acabada en vocal)

5.5c Hiato formado por vocal abierta seguida de vocal cerrada

baúl (división silábica: b**a-úl**)
oír (división silábica: **o-ír**)
raíles (división silábica: r**a-í**-les)
reísteis (división silábica: r**e-ís**-teis)
caímos (división silábica: c**a-í**-mos)
mohín (división silábica: m**o-h**í**n**)❶
cohíbo (división silábica: c**o-h**í**-bo)❶
ahíto (división silábica: **a-h**í**-to)❶

---

❶ La *h*, al no representar sonido alguno, no invalida el carácter de hiato de las dos vocales.

5.5d Hiato formado por dos vocales cerradas distintas

■ La frontera entre el hiato y el diptongo no siempre es nítida; en algunas palabras aparece una secuencia de dos vocales cerradas distintas y, dependiendo de quién las pronuncie, pueden considerarse hiatos o diptongos. Esto sucede:

● en la secuencia *ui*: huir *(hu-ir/huir)*, construir *(cons-tru-ir/cons-truir)*, gratuito *(gra-tu-i-to/gra-tui-to)*, etc.

● en la secuencia *iu*: viuda *(vi-u-da/viu-da)*, diurno *(di-ur-no/diur-no)*, etc.

ⓘ Para evitar el problema, las Academias de la Lengua Española consideran estas secuencias *(ui, iu)* como diptongos a efectos de la acentuación. Según esto, la palabra *huir* no se acentúa por ser monosílaba (▶ § II.5.6), *construir,* por ser aguda no acabada ni en vocal, ni en *n* o *s*, y *gratuito, viuda* y *diurno,* por ser llanas acabadas en vocal.

5.5e Hiato formado por vocal cerrada seguida de vocal abierta

día (división silábica: dí-**a**)
púa (división silábica: pú-**a**)
tranvía (división silábica: tran-ví-**a**)
capicúa (división silábica: ca-pi-cú-**a**)
atenúe (división silábica: a-te-nú-**e**)
consensúo (división silábica: con-sen-sú-**o**)

5.5f Hiato formado por tres vocales

■ En estas secuencias vocálicas, la vocal del centro forma hiato tanto con la vocal que la precede como con la que la sigue:

caíamos (división silábica: c**a**-í-**a**-mos)
chiíes (división silábica: ch**i**-í-**e**s)
reíais (división silábica: r**e**-í-**a**is)
huíais (división silábica: h**u**-í-**a**is)

ⓘ En este último caso, también podría entenderse la siguiente división silábica: *huí-ais.* Con esta pronunciación, tendríamos el hiato entre el diptongo *huí-* y el también diptongo *-ais;* es decir, un hiato entre dos diptongos.

■ 5.6 Acentuación de los hiatos

■ Los formados por dos vocales abiertas y los formados por dos vocales cerradas iguales se acentúan siguiendo las **reglas generales** de las palabras agudas, llanas y esdrújulas.

- Así, una palabra como *creer* no se acentúa por ser palabra aguda *(cre-ER)* acabada en *-r,* pero *créelo* sí lleva tilde por ser palabra esdrújula *(CRÉ-e-lo).*

- De la misma manera, una palabra como *línea* lleva tilde por ser esdrújula *(LÍ-ne-a)* pero *alinear* no la lleva por ser aguda acabada en *-r (a-li-ne-AR).*

- Lo mismo ocurre con los hiatos de dos vocales cerradas iguales: *chiita, Rociito, tiito, diita, friitos…* no llevan tilde por ser palabras llanas acabadas en vocal o en *-s.*

ⓘ Sin embargo, la palabra *chií* (*chi-í*) lleva tilde por ser palabra aguda acabada en vocal.

■ El resto de los hiatos (los formados con vocal cerrada tónica seguida de abierta átona, y los formados por vocal abierta átona seguida de cerrada tónica) **deben acentuarse** siempre para que no se confundan con un posible diptongo.

- Así, una palabra como *día* hay que acentuarla para que se pronuncie [dí-a] y no [diá]; una palabra como *baúl* se tilda para que se pronuncie [ba-úl] y no [bául].

ⓘ Hay que saber que las palabras *chiita* y *chiismo* (las demás palabras señaladas no se recogen en el *Diccionario* por ser diminutivos) aparecen por primera vez en el *Diccionario* de la Real Academia Española de 1992 y aparecen con tilde en la segunda *i* (**chiíta, *chiísmo*).

ⓘ Posteriormente, en la *Ortografía* académica de 1999 y en el *Diccionario* de 2001 se registran ya sin tilde. Es evidente que la Real Academia corrigió lo que claramente era un error: pretendió señalar el hiato con la tilde sin percatarse de que los hiatos en los que hay una vocal cerrada tónica solo llevan tilde cuando sin ella podrían confundirse con un diptongo (tal y como hemos visto), y es claro que en español no hay diptongos formados con dos vocales cerradas iguales; por tanto, no se necesita la tilde en el hiato.

ⓘ Sin embargo, la palabra *chiíes* (plural de *chií*) lleva tilde no por formar un hiato entre las dos *íes*, sino por formarlo la *i* tónica con la sílaba posterior *-es: chi-í-es*. De no llevar tilde, la pronunciación sería la de [chi-ies], es decir, con el diptongo *-ies*.

■ Existen algunas palabras en español en las que hay una secuencia vocálica constituida por vocal cerrada átona seguida de vocal abierta tónica que, aunque presentan una configuración de diptongo, tienden a ser pronunciadas en la mayor parte del ámbito hispánico como hiatos.

• Así, palabras como *piano, cruel, acentuar, puntuar* o *sonrió* se pronuncian mayoritariamente como [pi-a-no], [cru-el], [acen-tu-ar], [pun-tu-ar] y [son-ri-ó] (más normal que la pronunciación de [pia-no], [cruel], [a-cen-tuar], [pun-tuar] y [son-rió]).

■ En realidad, esta situación de inseguridad entre el hiato y el diptongo en palabras como las expuestas no crea problema alguno a la hora de colocar o no tilde.

• Así, la palabra *piano,* se pronuncie con hiato o con diptongo, nunca llevará tilde, ya que siempre se tratará de una palabra llana acabada en vocal; y una palabra como *cruel* tampoco llevará tilde porque si es diptongo es un monosílabo (ya veremos que los monosílabos no se acentúan, (▶ § II.6.2); y si es hiato, sería una palabra aguda acabada en *-l;* y las palabras del tipo *acentuar* o *puntuar* siempre serán agudas acabadas en *-r,* por lo que no habrá que acentuarlas, se pronuncien con diptongo o con hiato. Y, por fin, una palabra como *sonrió* siempre se escribirá con tilde por ser palabra aguda acabada en vocal, al margen de cuál sea su pronunciación.

■ Ahora bien, cuando esta situación se da en palabras que con hiato tendrían dos sílabas, pero con diptongo o triptongo una sola sílaba, y con final en vocal, *-n* o *-s,* se presenta un problema que las Academias de la Lengua Española han solucionado recientemente considerándolas, **a efectos de la acentuación,** palabras monosílabas (es decir con diptongo) y que, por tanto, no se acentúen (ya veremos que los monosílabos no se acentúan (▶ § II.6.2), pero si alguien cree pronunciar nítidamente dos sílabas, puede acentuarlas para marcar el hiato correspondiente.

▨ Por tanto, la acentuación de este tipo de palabras, que antes era obligatoria porque se entendía que se pronunciaba en ellas claramente un hiato, ahora pasa a ser opcional y con preferencia académica por las formas no acentuadas. Las palabras afectadas por esta regla son las siguientes:

• **Con dos elementos vocálicos:**

Sustantivos y adjetivos	
guion	guión
truhan	truhán
ion	ión
prion	prión
pion	pión (aumentativo procedente de piar, 'que pía mucho')
Sion	Sión
Ruan	Ruán

Formas verbales			
fie	fié	pio	pió
fio	fió	cie	cié
lie	lié	cio	ció
lio	lió	rio	rió
crie	crié	frio	frió
crio	crió	hui	huí
guie	guié	huis	huís
guio	guió	flui	fluí
pie (de piar)	pié	fluis	fluís

■ Estas palabras antes eran de acentuación obligatoria en el segundo elemento vocálico (*guión*, *truhán*, *rió*, etc.), pues la Real Academia Española las concebía como bisílabas agudas acabadas en vocal o en *n*. Es en la *Ortografía de la lengua española* de 1999 cuando se propone considerarlas monosílabas y que, como tales, no se acentúen, salvo si quien las pronuncia «cree pronunciar nítidamente dos sílabas».

■ La razón de esta nueva doctrina sobre la acentuación de estas palabras —trasladada al *Diccionario panhispánico de dudas* de 2005— parece residir en el hecho de que en algunas zonas de América Central y México, con un gran número de hablantes de español, muestran una clara tendencia a ser pronunciadas como diptongos y no como hiatos.

■ Como consecuencia de ello, la secuencia p+i+e *(pie)* puede corresponder al sustantivo *pie* o a la primera persona de singular del pretérito indefinido del verbo *piar*. El contexto es el que se encarga de aclararnos de qué forma se trata. Antes se distinguían en la escritura: *pie* era el sustantivo y *pié* la forma verbal mencionada.

■ No deben confundirse las formas verbales aquí señaladas con aquellas que teniendo la misma configuración vocálica se pronuncian como hiatos haciendo tónico el primer elemento: *río, frío, guío, guíe, crío, críe, fío, fíe, pío, píe, cío, cíe, lío, líe*. Estas formas se acentúan obligatoriamente en el primer elemento vocálico según la regla dada para estos hiatos. Por tanto, una cosa es *píe* (presente de subjuntivo del verbo *piar*) y otra muy distinta *pie*, que hoy puede ser, como se ha dicho, el sustantivo *pie* o el pretérito indefinido de *piar*. Así pues, si antes distinguíamos en la escritura *pie-pié-píe,* hoy solo distinguimos *pie-píe,* aunque, como hemos dicho, las Academias permiten escribir también *pié* (pretérito indefinido del verbo *piar*).

■ Se han incluido en las tablas anteriores las formas verbales *hui, huis* y *flui, fluis* (las dos últimas solo registradas en el *Diccionario panhispánico de dudas*) a pesar de presentar una configuración vocálica distinta de la del resto de las palabras: dos vocales cerradas seguidas en lugar de una cerrada y una abierta. Antes, estas formas eran de acentuación obligatoria (a pesar de que la Real Academia consideraba -*ui*- como diptongo; por tanto se trataba de una excepción). Hoy se consideran monosílabas y no se acentúan, pero se deja la opción de acentuarlas si quien las pronuncia «cree pronunciar nítidamente dos sílabas».

- **Con tres elementos vocálicos:**

fiais	fiáis	pieis	piéis
fieis	fiéis	liais	liáis
criais	criáis	lieis	liéis
crieis	criéis	ciais	ciáis
guiais	guiáis	cieis	ciéis
guieis	guiéis	riais	riáis
piais	piáis	friais	friáis

■ Como se muestra, estas palabras pueden escribirse sin tilde (es lo preferido por las Academias) y también con tilde. En el primer caso se entiende que se pronuncian en una sola sílaba (triptongos), y en el segundo, como dos sílabas, estableciéndose el hiato correspondiente entre la primera vocal y el diptongo siguiente: *fi-áis; cri-éis,* etc.

5.7 Otros aspectos sobre la acentuación de diptongos e hiatos

■ Hay palabras llanas que admiten tanto la pronunciación con diptongo como la pronunciación con hiato y con la vocal cerrada tónica.

■ En consecuencia, se acentuarán si en ellas hay un hiato con vocal cerrada tónica, y no se acentuarán si lo pronunciado es un diptongo. Estos son los casos:

- Todas las palabras acabadas en -*iaco*/-*íaco*. Las Academias dan la preferencia a las formas con hiato (las que llevan la tilde), que son las más usadas en Hispanoamérica, pero son igualmente correctas las formas con diptongo, o sea, las no acentuadas:

afrodisiaco/afrodisíaco
amoniaco/amoníaco
austriaco/austríaco
bosniaco/bosníaco
cardiaco/cardíaco
celiaco/celíaco
demoniaco/demoníaco
dionisiaco/dionisíaco

egipciaco/egipcíaco
elegiaco/elegíaco
hipocondriaco/hipocondríaco
maniaco/maníaco
paradisiaco/paradisíaco
policiaco/policíaco
Zodiaco/Zodíaco

• Todas las palabras acabadas en el componente griego *-mancia/-mancía:*

nigromancia/nigromancía
quiromancia/quiromancía
necromancia/necromancía
oniromancia/oniromancía

• Todas las palabras acabadas en el componente griego *-plastia/-plastía:*

angioplastia/angioplastía
rinoplastia/rinoplastía…

• Las palabras acabadas en *-plejia/-plejía:*

hemiplejia/hemiplejía
paraplejia/paraplejía
tetraplejia/tetraplejía

ℹ **Se exceptúa la palabra *apoplejía* (**apoplejia*).**

• Las palabras acabadas en el componente griego *-scopia/-scopía:*

artroscopia/artroscopía
laringoscopia/laringoscopía
endoscopia/endoscopía

• Las palabras siguientes:

Amazonia (con diptongo)/*Amazonía* (con hiato)
balaustre (con diptongo)/*balaústre* (con hiato)
bronquiolo (con diptongo)/*bronquíolo* (con hiato)

catatonia (con diptongo)/*catatonía* (con hiato)

exoftalmia (con diptongo)/*exoftalmía* (con hiato)

foliolo (con diptongo)/*folíolo* (con hiato)

gladiolo (con diptongo)/*gladíolo* (con hiato)

naif (con diptongo)/*naíf* (con hiato)

oftalmia (con diptongo)/*oftalmía* (con hiato)

olimpiada (con diptongo)/*olimpíada* (con hiato)

paralimpiada (o *parolimpiada*) (con diptongo)/*paralimpíada* (o *parolimpíada*) (con hiato)

peciolo (con diptongo)/*pecíolo* (con hiato)

periodo (con diptongo)/*período* (con hiato) (con el significado de 'menstruación' solo se da como válida la forma *periodo*)

reuma (con diptongo. Es la forma etimológica y la preferida)/*reúma* (con hiato)

Rumania (con diptongo)/*Rumanía* (con hiato: forma preferida)

sauco (con diptongo)/*saúco* (con hiato: forma preferida)

ventriloquia (con diptongo)/*ventriloquía* (con hiato)

zaino (con diptongo)/*zaíno* (con hiato)

- Las formas verbales siguientes:

  - **Verbos en -*cuar*:**

    - adecuo, -as, -a, -an, -e, -es, -en/adecúo, -as, -a, -an, -e, -es, -en

    - evacuo, -as, -a, -an, -e, -es, -en/evacúo, -as, -a, -an, -e, -es, -en

    - licuo, -as, -a, -an, -e, -es, -en/licúo, -as, -a, -an, -e, -es, -en

  - **Verbos en -*iar*:**

    - palio, -as, -a, -an, -e, -es, -en/palío, -as, -a, -an, -e, -es, -en

    - historio, -as, -a, -an, -e, -es, -en/historío, -as, -a, -an, -e, -es, -en

    - agrio, -as, -a, -an, -e, -es, -en/agrío, -as, -a, -an, -e, -es, -en

    - expatrio, -as, -a, -an, -e, -es, -en/expatrío, -as, -a, -an, -e, -es, -en

    - repatrio, -as, -a, -an, -e, -es, -en/repatrío, -as, -a, -an, -e, -es, -en

    - vidrio, -as, -a, -an, -e, -es, -en/vidrío, -as, -a, -an, -e, -es, -en

⊟ OBSERVACIONES

▶ Las Academias han decidido suprimir la forma *etiope* (con diptongo), que hasta hace poco se consideraba correcta. Lo aceptado hoy es únicamente *etíope* (con hiato).

▶ Ya no se considera correcta la forma *orgia* (con diptongo), registrada antes en los diccionarios académicos; hoy lo correcto es únicamente *orgía* (con hiato). Se desecha también por anticuada la pronunciación con hiato *Tokío;* hoy lo correcto es únicamente *Tokio* (con diptongo).

▶ En el *Diccionario* académico de 2001 se registra por primera vez el verbo *descafeinar*, que se conjuga con hiato y no con diptongo: *des-ca-fe-í-no, -as, -a...* (*des-ca-fei-no, -as, -a...*).

▶ La palabra *espúreo*, que aparece con frecuencia en textos cultos, es incorrecta; lo correcto es *espurio* (palabra llana con diptongo átono y, por tanto, sin tilde).

▶ Son incorrectas las pronunciaciones con hiato *acrobacía* y *estadío*, a pesar de que son frecuentes en ciertos ámbitos especializados. Lo correcto es *acrobacia* y *estadio* [de una enfermedad, etc.].

▶ La *h* intercalada no invalida un hiato ni la tilde correspondiente: *re-ta-hí-la* (*re-tahi-la), *cohíbo, rehúsa, ahínco,* etc.

§ II.6 Acentuación de los monosílabos

6.1 Concepto de monosílabo

▪ Los monosílabos son palabras de una sola sílaba:

Sin diptongo: das, tres, mal, son, sal.
Con diptongo: bien, seis, voy, fui, hay.

6.2 Acentuación de los monosílabos

▪ Como se dijo más arriba, los monosílabos tónicos son palabras agudas; sin embargo, no siguen la regla de las palabras agudas a la hora de su acentuación. Se ajustan a una regla exclusiva: **nunca se acentúan**.

■ No obstante, hay algunos monosílabos **tónicos** que coinciden en su forma gráfica con otros monosílabos **átonos**. Para evitar confusiones entre unos y otros, **deben acentuarse los tónicos**.

■ Este acento o tilde, que se pone para que no se confundan palabras tónicas con otras iguales pero átonas, se llama **acento diacrítico** o **tilde diacrítica**.

■ Estos son los casos en que es obligada la tilde en los monosílabos tónicos (en algunos de los ejemplos de la tabla siguiente, además de la tilde, la coma, necesaria también, ayuda a identificar el monosílabo):

Tónicos	Átonos	Ejemplos
él (pronombre personal)	*el* (artículo)	*Él vino/El vino*
tú (pronombre personal)	*tu* (adjetivo posesivo)	*Come tú, hijo/Come tu hijo*
mí (pronombre personal)	*mi* (adjetivo posesivo)	*Se fijó en mí, hijo/ Se fijó en mi hijo*
sí (pronombre reflexivo y adverbio de afirmación)	*si* (conjunción condicional y conjunción de oraciones interrogativas indirectas)	*Sí, lo hubiera dicho/ Si lo hubiera dicho…*
sé (de *saber* y del verbo de *ser*)	*se* (pronombre personal y pronombre reflexivo o recíproco)	*No sé nada/No se nada Sé alegre/Se alegre*
dé (de *dar*)	*de* (preposición)	*Dé pan/De pan*
más (adverbio de cantidad y sustantivo (*el* [signo] *más*))	*mas* (conjunción adversativa)	*No como más: engordo/ No como, mas engordo*
té (sustantivo)	*te* (pronombre personal o reflexivo)	*Té quiero/Te quiero*

■ Los monosílabos *quién/quien*, *qué/que* y *cuál/cual* podrían tratarse en este epígrafe, pero preferimos abordarlos en el siguiente capítulo.

6.3 Otros aspectos sobre la acentuación de los monosílabos

6.3a Consejos

■ Cuando se trata de dos o más monosílabos tónicos que no entran en conflicto con otro átono porque no existe en la lengua, ninguno de ellos se diferencia con la tilde:

sal, sustantivo *(la sal de la vida)* o forma del verbo *salir*
fui y *fue*, de los verbos *ser* o *ir*
son, sustantivo *(el son de las campanas)* o forma del verbo *ser*, etc.

■ Excepciones a la regla de acentuación de los monosílabos:

• Los sustantivos monosílabos *si* y *mi*, nombres de sendas notas musicales, no llevan tilde a pesar de ser tónicos.

• El pronombre mayestático *Nos,* usado en lugar de *yo* por reyes, papas y obispos, no lleva tilde a pesar de ser un pronombre tónico, que debería distinguirse del monosílabo átono *nos*, pronombre personal de 1.ª persona de plural.

6.3b Curiosidades

■ Las formas verbales *fui, fue, vio* y *dio* llevaron tilde durante un tiempo. Como se trataba de una tilde no justificable, en el año 1959 la Real Academia la eliminó. También el sustantivo *fe* se acentuó durante un tiempo; hoy no lleva tilde.

📰 **OBSERVACIONES**

▶ Las Academias en su *Diccionario panhispánico de dudas* dicen que la forma *tes*, plural del sustantivo *té*, se escriba con tilde. Es posible que la recomendación académica obedezca a la intención de que no se confunda con el también plural *tes*, correspondiente al singular *te,* nombre de la letra *t*. No obstante, esta recomendación no se aplica a la forma verbal *des*, siendo así que hay otra forma igual para el plural del nombre de la letra *d*. Tanto *tes*, plural de *té*, como *tes*, plural de *te* ('nombre de letra') son formas tónicas, por lo que no deberían distinguirse con la tilde.

§ II.7 Acentuación de las palabras interrogativas y exclamativas

7.1 Concepto de palabra interrogativa y exclamativa

■ Existen en español unas pocas palabras, cuya función es la de preguntar por algo o alguien, o bien la de introducir una exclamación. Son las siguientes:

qué, quién, quiénes, cuál, cuáles, (a)dónde, cómo, cuándo, cuánto(-a-os-as).

• Estas palabras pueden encabezar preguntas o exclamaciones **directas.** En estos casos, siempre aparecen entre signos de interrogación o exclamación:

¿Qué has hecho?
¿Quiénes han venido?
¡Quién lo diría!
¡Qué barbaridad!
¿Cuál de los dos es el mayor?
¿Dónde vais?
¿Cómo te llamas?
¡Cómo llueve!
¿Cuándo vendrá?
¿Cuánto cuesta?
¡Cuánto misterio!...

• Pueden ir precedidas de preposición:

¿Por qué os habéis ido?
¿De quién hablabais?
¡En qué hora vine por aquí!
¿De dónde venís?
¿Para cuándo es la fiesta?
¡Con cuánto esfuerzo hemos hecho esta casa!, etc.

• También pueden encabezar oraciones interrogativas o exclamativas **indirectas,** es decir, oraciones subordinadas que dependen de un verbo (o de otra palabra) principal. En estos casos, dichas oraciones no aparecen entre signos de interrogación o exclamación:

Dinos en *qué* estabas pensando.

Pregúntale *quién* era.

Me preocupa con *quién* sale mi hija.

No sé *adónde* os dirigís.

Me impresiona *cómo* llueve.

No sé *cómo* ir a tu casa.

¡Hay que ver *cómo* grita!

Es horrible *cómo* vive.

¿Quieres saber *cómo* me llamo?

No tengo ni idea de *cuánto* me he gastado.

▪ 7.2 Acentuación de las palabras interrogativas y exclamativas

■ Todas estas palabras llevan siempre tilde porque son **tónicas** y deben diferenciarse de las que se escriben igual pero que son **átonas** y pertenecen a otra clase gramatical (relativos o conjunciones). Se trata, pues, de un caso más de **tilde diacrítica.** De esta forma diferenciamos enunciados como:

Me enteré de qué comías/Me enteré de que comías.

Ya verás cómo baila Marta/Ya verás como baila Marta.

¿Qué estás escribiendo?/¿Que estás escribiendo?

Ya sé cuánto he leído/Ya sé cuanto('todo lo que') he leído.

▪ 7.3 Casos especiales de relativos tónicos o pseudointerrogativos

■ Los interrogativos y exclamativos llevan tilde por ser tónicos y no, como se suele decir, por ser interrogativos o exclamativos. De hecho, hay algunos casos en que los relativos *que, quien, cual, (a)donde, como* pueden llevar tilde porque, aunque normalmente son formas átonas, se hacen tónicos en algunos contextos por la omisión de su antecedente. Esto ocurre en las siguientes estructuras gramaticales:

7.3a En enunciados con los verbos *tener, haber, buscar* y *encontrar* como verbos principales y con un infinitivo en la oración subordinada

No tengo (no hay) qué comer ('no hay nada para comer').

No tenemos (no hay, no encontramos) dónde dejar la maleta.

No tengo a quién dirigirme.
No hay cómo cortar esta carne.

■ En estos casos, las palabras acentuadas son **relativos tónicos,** y no interrogativos. La prueba es que admiten un antecedente genérico del tipo 'cosa', 'nada', 'persona', 'nadie', 'alguien', 'lugar', 'manera', que cuando se hacen explícitos en el enunciado, convierten el relativo en palabra átona y, por tanto, sin tilde:

No tengo (no hay) cosa (nada) que comer.
No tenemos (no hay, no encontramos) sitio donde dejar
la maleta.
No tengo persona (nadie) a quien dirigirme.
No hay manera como cortar esta carne.

■ El adverbio relativo *(a)donde* admite en estas estructuras, sin antecedente, las pronunciaciones átona y tónica, por lo que puede escribirse también sin tilde:

No tiene dónde/donde caerse muerto.
No hay (a)dónde/(a)donde ir con este tiempo.

■ Aunque en el *Diccionario panhispánico de dudas* no se dice, creemos que a la palabra *quien* le ocurre lo mismo, aunque si bien es verdad que al tener que ir precedido de preposición necesariamente (sin preposición nunca introduce oraciones de infinitivo), la pronunciación átona es algo forzada:

No tenemos con quién/con quien (?) hablar.

■ Sin embargo, la no acentuación de *qué* y *cómo* en estas estructuras podría dar lugar a ambigüedad, ya que pronunciados átonos se confundirían con las conjunciones respectivas *que* y *como*:

No tenemos qué comer ('no tenemos cosa que comer')
/No tenemos que comer ('no estamos obligados a comer').
No hay cómo bailar aquí ('no hay manera de bailar aquí')
/No hay como bailar aquí ('no hay cosa mejor que bailar aquí').

■ Cuando este relativo tónico *qué* va precedido de preposición, mantiene igualmente la tilde aunque no haya posibilidad de confusión con otro *que* átono:

No tengo por qué decírselo.
No hay de qué hablar.
No tengo en qué pensar.

> **ℹ Obsérvese que en estos casos sería algo forzada la pronunciación átona de *qué*.**

■ En el caso del relativo tónico *dónde,* si va precedido de preposición, la pronunciación átona es algo forzada pero posible; de ahí que, aunque el *Diccionario panhispánico de dudas* no habla de esta contingencia, creemos que se puede escribir con tilde o sin ella, aunque debería preferirse la tilde:

No tenemos por dónde/donde(?) pasar el alambre.
No hay de dónde/donde (?) elegir.

7.3b En enunciados con el verbo *depender,* la preposición *según* y el adverbio *independientemente*

■ Estas palabras son las principales de los enunciados en los que aparecen y de ellas dependen las oraciones subordinadas encabezadas por los relativos.

■ En estos casos, los relativos *quien, quienes, (a)donde, como, cuando* y *cuanto(–a,-os-as)* pueden pronunciarse indistintamente tónicos o átonos, por lo que la tilde es opcional:

Eso depende de quién/quien vaya a ser el elegido.
Según dónde/donde se encuentre.
Independientemente de cuánto/cuanto gaste.
Dependiendo de cuándo/cuando llegue.
Según cómo/como se porte.

■ En estos ejemplos, cuando el relativo lleva tilde puede desglosarse respectivamente en 'qué persona', 'qué lugar', 'qué cantidad', 'en qué momento', 'de qué forma'. Si no lleva tilde, la equivalencia es con 'la persona que', 'el lugar donde' 'la cantidad que', 'el momento en que', 'la manera como'.

■ Sin embargo, la tilde, en estas estructuras, es obligada en las palabras *cuál-cuáles,* porque no admiten pronunciación átona; y en la palabra *qué,* porque, de no llevarla, pasaría a ser conjunción y el significado sería distinto:

Depende de cuál sea el color de la falda.

Depende de qué esté comiendo/Depende de que esté comiendo (significados distintos).

Independientemente de qué escribas/Independientemente de que escribas (significados distintos).

■ Ahora bien, si cualquiera de estos relativos en las estructuras que aquí comentamos va precedido de una preposición —además de la preposición *de* exigida por el verbo *depender* y el adverbio *independientemente*—, la tilde es obligada en todos, pues la pronunciación átona resultaría forzada:

Depende de a quién le des el regalo (depende de *a quien le des el regalo).

Independientemente de en qué estuviera pensando (independientemente de *en que estuviera pensando).

Según en cuánto me lo vendas (según *en cuanto me lo vendas).

Depende de por dónde vayas (depende de por donde (?) vayas).

❶ Hay que reconocer que con *donde*, la pronunciación átona es menos chocante, por lo que la ausencia de la tilde no se debería considerar un error en estos casos.

▌7.4 Otros aspectos acentuales con palabras interrogativas, exclamativas y pseudointerrogativas

■ Se pone tilde en la palabra *quién,* por ser tónica, en las estructuras del tipo *Tú no eres quién para decir eso,* en las que dicha palabra es un indefinido (equivale a 'nadie').

■ Se pone tilde en las palabras *quién* y *cuál,* por ser tónicas, en las estructuras del tipo *Hay que saber quién es* **quién;** *Hay que saber cuál es* **cuál**, en las que dichas palabras son indefinidos (equivalen a 'cada uno', 'cada cual'). El primer *quién* y el primer *cuál* de estos enunciados son interrogativos en oraciones interrogativas indirectas (▶ § II.7.1).

■ Se pone tilde en cualquiera de las formas que estamos tratando en este apartado cuando actúan como sustantivos: *el dónde, el cuándo, el cómo, el qué, el cuánto*…

■ Hoy es frecuente en el coloquio la expresión anglicada *¿Sabes qué?* por *¿Sabes una cosa?*, en la que es obligada la tilde en *qué*, aunque sea un indefinido.

■ En los enunciados del tipo *No tengo quien me ayude; No hay quien lo entienda*…, la palabra *quien* es un relativo que introduce una oración en subjuntivo y es átono, por lo que no hay que acentuarlo. No debe confundirse con el uso de esta palabra cuando introduce oraciones de infinitivo, tal y como se señaló más arriba: *No tengo a quién acudir*. En estos casos, la pronunciación tónica es más natural que la átona.

■ En la locución indefinida *quien más, quien menos* ('todo el mundo'), la palabra *quien* se pronuncia hoy normalmente átona, por lo que no debería llevar tilde; no obstante, las Academias dan por válida también la forma con tilde.

■ Con algunos predicados del tipo *Ya verás; Vas a ver* y otros parecidos con verbos de percepción *(ver, oír, notar…)*, puede darse confusión en el uso de las palabras *cómo/como*, introductoras de oraciones subordinadas. Lo normal es que, si se trata de un adverbio relativo de modo, se pronuncie tónico, por lo que se escribirá con tilde; y si es una conjunción completiva (equivalente a *que*), lo habitual es que se pronuncie átona o menos tónica, por lo que debe escribirse sin tilde:

> Ya verás cómo habla Juan ('ya verás de qué manera habla Juan')/Ya verás como habla Juan ('ya verás que Juan va a hablar').
> Vas a ver cómo salto ('de qué manera salto')/Ya verás como salto ('ya verás que voy a saltar').

■ No obstante, en ciertos contextos pueden darse al mismo tiempo el valor modal y el valor conjuntivo. En estos casos, lo recomendable sería, frente a lo que se dice en el *Diccionario panhispánico de dudas*, acentuar dicha palabra, aunque la no acentuación no supone incorrección:

En ese momento notó cómo/como se cerraba tras él la puerta ('la manera como se cerraba' y 'el hecho de que se cerraba').

> ℹ️ Obsérvese que en estos casos la pronunciación de *cómo* es claramente tónica, lo que justificaría la recomendación de la tilde.

§II.8 Acentuación de las palabras compuestas

8.1 Palabras compuestas de verbo y pronombre(s)

■ Una clase de palabras compuestas en castellano es la formada por una forma verbal y uno o más pronombres personales átonos.

■ Las palabras de este tipo que sean **llanas** (no hay palabras agudas de este tipo) no llevan tilde por terminar en vocal o en **-s,** pues se rigen por la regla general:

deme, dale, seme, estate, disponte, dispoenos, sacadlo, estaos, vete.

■ Si el resultado de la composición es una palabra esdrújula o sobresdrújula, tendrá que llevar tilde:

devuélvelo, entrégaselo, cuéntanoslo, digámoselo, vayámonos, vámonos.

■ La regla que regía antes de la aparición en 1999 de la *Ortografía* académica decía que en este tipo de compuestos se pusiera tilde obligatoria si la forma verbal sin pronombre la llevaba. Por ello se acentuaban *déme (dé+me); séme (sé+me), estáte (está+te); dispónte (dispón+te).*

> ℹ️ Obsérvese que *estaos* no llevaba tilde porque no está formada por *está+os*, sino por *estad+os*.

■ Con la regla anterior, podíamos diferenciar en la escritura palabras que actualmente solo se distinguen por el contexto en el que aparecen:

senos (sustantivo) y *sénos* (de *sé+nos*)
atente (de *atentar*) y *aténte* (de *atenerse*)
contente (de *contentar*) y *conténte* (de *contenerse*)
detente (de *detentar*) y *deténte* (de *detenerse*)
acabose (sustantivo: *el acabose*) y *acabóse* (de *acabó+se*)

■ No hay que confundir las palabras llanas mencionadas con otras como *reíme, reírse…*, que llevan tilde porque en ellas hay un hiato que la exige.

8.2 Otras palabras compuestas y sin guion

■ Las demás palabras compuestas que no separan sus componentes con un guion se acentúan siguiendo las **reglas generales.** Ello quiere decir que si el primer componente llevaba tilde como palabra autónoma, la pierde al formar parte del compuesto porque se hace átono. Solo cuenta para la acentuación el último componente:

décimo+tercero > decimotercero
vigésimo+séptimo > vigesimoséptimo
tío+vivo > tiovivo
arco+iris > arcoíris
espanta+pájaros > espantapájaros
así+mismo > asimismo
vídeo+conferencia > videoconferencia
balón+mano > balonmano
balón+cesto > baloncesto
balón+pie > balompié
cien+pies > ciempiés
puerco+espín > puercoespín
diez-seis > dieciséis
veinte+tres > veintitrés
veinte+dos > veintidós

■ 8.3 Palabras compuestas con guion

■ Sus dos componentes son tónicos, por lo que se acentúan como si fueran palabras independientes:

teórico-práctica
lingüístico-literario
físico-química
kilómetros-hora

■ 8.4 Los adverbios acabados en *-mente*

■ Ya se dijo más arriba que estos adverbios son las únicas palabras que son esdrújulas o sobreesdrújulas y llanas al mismo tiempo, pues mantienen tónico el primer componente (un adjetivo, que si es de dos terminaciones, presenta siempre su forma femenina) y el segundo, que históricamente era el sustantivo *mente*. Por eso, la Real Academia Española dio una regla especial para estas palabras: si el primer componente (el adjetivo) lleva tilde por sí solo, la mantiene en el adverbio; de lo contrario, el adverbio aparecerá sin tilde:

ágil+mente > ágilmente
histórica+mente > históricamente
común+mente > comúnmente
estupenda+mente > estupendamente
sola+mente > solamente
fácil+mente > fácilmente
sutil+mente > sutilmente

■ OBSERVACIONES

▶ El compuesto *arcoíris* ya se puede escribir en una sola palabra (▶ § I.15.1), aunque las Academias consideran válida, pero no preferida, la forma tradicional en dos: *arco iris*. La palabra *arcoíris,* así escrita, lleva tilde en la primera *i* porque se forma un hiato que hay que marcar (▶ § II.5.5c). Esto mismo ocurre con *cortaúñas, pintaúñas...* (de *corta/pinta+uñas*) o *pinchaúvas (de pincha+uvas)...*

▶ La palabra compuesta *asimismo* presenta la variante sinónima también válida *así mismo.* Esta segunda forma puede significar, además, 'de esa manera': *Así mismo se quedó el niño: como tú dices.*

> ▶ Los nombres propios de pila compuestos de dos palabras separadas en la escritura mantienen la tilde del primer componente, si por sí solo la lleva, aunque la pronunciación suele ser átona: *José Luis* [joseluís]; *María José* [mariajosé]; *Ángel Luis* [angel-luís] ...

§
II.9 Acentuación de la palabra *solo*

9.1 Valores gramaticales de *solo*

■ Puede ser:

- Adjetivo: *Me encuentro muy solo; Tengo un solo libro.*

- Sustantivo: *Tocó un solo de guitarra.*

- Adverbio: *Solo sé que no sé nada; No solo Juan sino también mi hermano.*

9.2 Acentuación de la palabra *solo*

■ Esta palabra se considera llana acabada en vocal, por lo que no llevará tilde; únicamente se acentuará el adverbio cuando haya riesgo de ambigüedad:

Pedro resolvió solo (adjetivo: 'sin ayuda de nadie') *un problema /Pedro resolvió sólo* (adverbio: 'solamente') *un problema.*
Comí solo (adjetivo: 'sin compañía') *en casa/Comí sólo* (adverbio: 'solamente') *en casa.*

■ Sin embargo, esta regla ha sufrido diferentes vaivenes y matizaciones en las sucesivas publicaciones académicas ocupadas de estas cuestiones:

- En el año 1952, la Real Academia Española ya recomendaba la tilde en el adverbio *solo,* al margen de si había o no riesgo de ambigüedad.

- En la normas académicas de 1959 se decía que únicamente cuando era adverbio **podía** llevar acento si con ello se evitaba una anfibología. Por tanto, no solo se decía que la palabra *solo* no llevaba acento, sino que, incluso en casos de anfibología (ambigüedad), tampoco era obligatorio.

• Sin embargo, la doctrina académica que más se ha extendido en la enseñanza tanto universitaria como no universitaria es la que se da en el *Esbozo de una nueva gramática de la lengua española* (RAE, 1973), donde, en una nota a pie de página, se dice que la palabra *solo* cuando es adverbio puede acentuarse o no, y que únicamente es obligatoria la tilde en casos de ambigüedad.

• En la *Ortografía* académica de 1999 se decía lo mismo, pero se matizaba de la siguiente manera: «Cuando quien escribe percibe [en *solo*] riesgo de ambigüedad, llevará acento ortográfico en su uso adverbial». De estas palabras se deducía que si no se percibía ese riesgo, aunque hubiera ambigüedad, podía no tildarse el adverbio *solo.*

• Por último, en el *Diccionario panhispánico de dudas* (2005), y para evitar vacilaciones por la falta de rigidez de la norma, se especifica que «cuando esta palabra pueda interpretarse en un mismo enunciado como adverbio o como adjetivo, se utilizará obligatoriamente la tilde en el uso adverbial, para evitar ambigüedades».

§ II.10 Acentuación de los demostrativos

10.1 La clase gramatical de los demostrativos

■ Los demostrativos son: *este, esta, esto, estos, estas; ese, esa, eso, esos, esas; aquel, aquella, aquello, aquellos, aquellas.*

■ Son adjetivos todos, excepto *esto, eso* y *aquello,* cuando van delante o detrás de un nombre: *aquel fantasma; el fantasma aquel; esa muchacha; la muchacha esa.*

■ Son pronombres todos cuando no acompañan a un sustantivo.

---

❶ *Esto, eso* y *aquello*, que corresponden a las formas neutras, son siempre pronombres porque nunca pueden acompañar a un sustantivo.

10.2 Acentuación de los demostrativos

■ Todos los demostrativos, sean adjetivos o pronombres, se rigen por las reglas generales de acentuación:

• No llevan tilde por ser palabras llanas acabadas en vocal *(este, esta…)* o en *-s (estos, estas…)* o por ser agudas acabadas en consonante que no es ni *-n* ni *-s (aquel)*:

Ese vaso; Aquella mesa; La niña esta; Estos años; El día aquel. Este me gusta más que aquel; Esa no sabe que esto no tiene importancia.

■ Solo será obligatoria la tilde en los pronombres si hay ambigüedad, o sea, si el demostrativo puede interpretarse como adjetivo o como pronombre:

• **Sin ambigüedad:** *Estos y aquellos tenían razón.*

• **Con ambigüedad:**

• *Esta mañana me recibirá en su despacho:* Puede querer decir: 'esta me recibirá mañana…', donde *mañana* es un adverbio y *ésta* un pronombre, y en ese caso la tilde es obligada en el demostrativo; o 'me recibirá en su despacho a lo largo de esta mañana', donde *mañana* es un sustantivo y *esta* un adjetivo, por lo que el demostrativo se escribirá sin tilde.)

• *Veo a esta jefa de sección:* Puede querer decir: 'a esta la veo como jefa de sección', donde el demostrativo es pronombre y debe tildarse; o bien 'a quien veo es a esta jefa…', donde el demostrativo es adjetivo, por lo que no se tilda.

📑 **OBSERVACIONES**

▶ Todavía en la *Ortografía* académica de 1999, siguiendo la tradición, se decía que los demostrativos <u>podían</u> llevar tilde cuando eran pronombres, y que únicamente era obligatoria en casos de ambigüedad. Es en el *Diccionario panhispánico de dudas* (año 2005) donde se da la regla aquí expuesta.

§ II.11 Acentuación de las palabras *aun* y *aún*

11.1 Valores gramaticales y semánticos de las palabras *aun* y *aún*

■ La palabra *aun* es un adverbio que se pronuncia en una sola sílaba (monosílabo) y, además, es átono. Es sinónimo de *incluso, aunque* y *siquiera*:

> Aun así, no logro arrancar el coche ('incluso así').
> Aun estudiando, no he logrado aprobar ('aunque he estudiado…').
> No vinieron a la fiesta ni mis amigos, ni mis hermanos ni aun mis padres ('ni siquiera'…).
> Aun cuando sonríe ('incluso cuando'), se le nota triste.

■ La palabra *aún* es un adverbio bisílabo y tónico: palabra aguda acabada en *-n* y con hiato. Puede tener un significado temporal y ser sinónimo de *todavía,* o puede tener valor ponderativo. En este segundo caso, el adverbio acompaña a los también adverbios *más* y *menos,* o a los comparativos *mejor, peor, menor, mayor, inferior, superior, anterior, posterior*:

> El profesor no ha llegado aún.
> Este niño ha crecido aún más (más aún) que el mío.
> Yo tengo aún menos miedo que tú (menos miedo aún que tú).
> Ese jugador es peor aún (aún peor) que el sustituido.
> El disgusto fue aún mayor (mayor aún) cuando lo vi en persona.

11.2 Acentuación de las palabras *aun* y *aún*

■ Como se deduce de los ejemplos expuestos para una y otra palabra, la forma *aun*, por ser monosílaba y átona nunca lleva tilde; en cambio, para la forma *aún*, por ser tónica bisílaba aguda terminada en *-n* y, además, por haber en ella un hiato, es obligada la tilde.

> 📷 **OBSERVACIONES**
>
> ▶ La palabra *aún* con valor ponderativo puede sustituirse por el adverbio *todavía*, pero sin valor temporal: *Es peor aún* ('es peor todavía').
>
> ▶ En algunos contextos, caben las dos formas (*aun* y *aún*) pero con significados diferentes:
>
> • *Aun enfermo, fue capaz de llegar a su casa* ('incluso enfermo...')/*Aún enfermo fue capaz de llegar a su casa* ('todavía enfermo, fue capaz de...').
>
> • *Aun así, puedo mover la pierna* ('incluso así...')/*Aún así, puedo mover la pierna* ('todavía así...').

§ II.12 Otros aspectos generales sobre la acentuación

■ Las letras mayúsculas se acentúan igual que las minúsculas. No es cierto que las mayúsculas no se acentúen: *Ávila, Ángel, TÁNGER*...

■ Las palabras latinas que aparecen en el *Diccionario* académico se acentúan igual que las palabras castellanas: *quórum, déficit, delírium trémens, currículum vítae, ídem*...

■ Las palabras de lenguas distintas del castellano que estén castellanizadas se acentúan como las palabras castellanas: *mánager, chándal, alzhéimer, espráis, bungaló (o búngalo), cáterin*...

> • Pero las no castellanizadas no llevarán otro acento que no tengan en su lengua de origen: *holding, Bernabeu.*

■ Las abreviaturas mantienen la tilde si la palabra completa la lleva: *pág.* (página), *núm.* (número), *cént.* (céntimo), etc.

■ Las siglas no llevan nunca tilde, salvo que estén lexicalizadas como palabras normales: *láser, cederrón, elepé;* pero: *DNI, CIA, OEA…*

■ Algunas palabras tienen diferente acentuación en España que en América en relación con pronunciaciones también diferentes:

béisbol (llana)	*beisbol* (aguda: en zonas de América)
chasis (llana)	*chasís* (aguda: en zonas de América)
chófer (llana)	*chofer* (aguda: en América)
cóctel (llana)	*coctel* (aguda: en América)
dominó (aguda)	*dómino* (esdrújula: en Puerto Rico)
formica (llana)	*fórmica* (esdrújula: en zonas de América)
fútbol (llana)	*futbol* (aguda: en zonas de América)
vídeo (esdrújula)	*video* (llana: en América)
voleibol (aguda)	*vóleibol* (esdrújula)

• Se añaden a estas las palabras acabadas en *-(o)sfera/ -(ó)sfera,* que en España son llanas (se exceptúa *atmósfera,* que es siempre esdrújula) y en Hispanoamérica esdrújulas: *hidrosfera/hidrósfera; estratosfera/estratósfera; ionosfera/ionósfera; biosfera/biósfera,* etc.

■ Hay otros pares de palabras con acentuaciones (y pronunciaciones) diferentes admitidas por las Academias de la Lengua Española:

aeróbic/aerobic
aerostato/aeróstato
alvéolo/alveolo
áloe/aloe
anofeles/anófeles
areola/aréola
Askenazí/Askenazi
ayatolá/ayatola

bereber/beréber
bimano/bímano
búmeran/bumerán
búngalo/bungaló
cánnabis/cannabis
cantiga/cántiga
cartel/cártel
celtíbero/celtibero

cenit/cénit
cuadrumano/cuadrúmano
daiquiri/daiquirí
deixis/déixis
dinamo/dínamo
domínica/dominica
electrólisis/electrolisis
electrolitro/electrólitro
élite/elite
elixir/elíxir
endrocrino/endócrino
endosmosis/
  endósmosis
estriptis/estriptís
Everest/Éverest
exégesis/exegesis
exégeta/exegeta
exósmosis/exosmosis
fotólisis/fotolisis
frejol/fréjol
frijol/fríjol
giróstato/girostato
grátil/gratil
heliostato/helióstato
hemólisis/hemolisis
Honolulu/Honolulú
ibero/íbero
icono/ícono
isobara/isóbara
isótopo/isotopo
jacarandá/jacaranda
karate/kárate
Kosovo/Kósovo
laureola/lauréola

litote(s)/lítote(s)
Mali/Malí
médula/medula
metempsícosis/metempsicosis
metopa/métopa
mildiu/mildiú/mildéu
mímesis/mimesis
misil/mísil
Misisipi/Misisipí
Mostar/Móstar
mucílago/mucilago
¡olé!/¡ole!
omóplato/omoplato
pabilo/pábilo
pachulí/pachuli
páprica/paprica
pensil/pénsil
píxel/pixel
polícromo/policromo
polígloto(-a)/poligloto(-a)
pudin/pudín
púlsar/pulsar
rapel/rápel
Ravena/Rávena
réferi/referí
robalo/róbalo
rubéola/rubeola
Sáhara/Sahara
saprófito/saprofito
sóviet/soviet
tángana/tangana
termostato/termóstato
travesti/travestí
triglifo/tríglifo.

📩 OBSERVACIONES

▶ Las Academias han admitido recientemente formas que hasta hace poco consideraba incorrectas por ser antietimológicas, como *tangana* (antes, solo *tángana*); *cénit* (antes, solo *cenit*); *rubeola* (antes, preferida *rubéola*); *élite* (antes, preferida *elite*); *médula* (antes, preferida *medula*).

▶ Ya no registran, aunque algunas sean etimológicas, otras formas que antes eran consideradas correctas: *conclave, *auréola, *acne, *alergeno* y *réptil.

▶ Sin embargo, se han rescatado algunas que habían desaparecido del *Diccionario* académico de 2001, como *osmosis* y *termóstato*.

▶ Por otra parte, las Academias siguen sin dar validez normativa a las formas *nóbel* y *rádar* (llanas), lo correcto siguen siendo las acentuaciones agudas *nobel* —plural: *nobeles* (*nóbeles)*— y *radar* —plural: *radares* (*rádares)*— a pesar de estar ampliamente documentadas.

▶ Conviene saber que las palabras *iceberg* y *airbag*, castellanizada hace tiempo la primera, y recientemente la segunda, son agudas en castellano; por tanto, no se escribirán *íceberg* (esdrújula) ni *áirbag* (llana).

▶ Por último, hay que llamar la atención sobre la pronunciación de las palabras *libido* y *marchamo*, que son llanas y no esdrújulas: *la libido (la *líbido); el marchamo (el *márchamo)*.

III

LA PUNTUACIÓN

Ortografía práctica del español

Instituto Cervantes

§ III.1 Utilidad de la puntuación

■ Puntuar bien un texto indica en el que escribe rigor mental, claridad de ideas y cierta familiarización, consciente o inconsciente, con el funcionamiento sintáctico de la lengua. Por el contrario, un texto mal puntuado o no puntuado (fenómenos estilísticos al margen) suele ser señal de desorden mental, desaliño sintáctico y falta de sensibilidad hacia la propia lengua.

■ Puntuar bien un texto es necesario

● para facilitar la lectura a los receptores de ese texto, y

● para no crear ambigüedades o malentendidos (muy importante).

■ He aquí algunos casos en que distintas puntuaciones pueden dar lugar a contenidos diferentes:

Yo os considero amigos	*Yo os considero, amigos*
Tú, niño, escribe la carta a los Reyes	*Tu niño escribe la carta a los Reyes*
Este alumno es bueno en matemáticas, juega bien al ajedrez. (Se unen una cualidad del niño y una actividad, sin conexión lógica entre ellas.)	*Este alumno es bueno en matemáticas: juega bien al ajedrez.* (La actividad de 'jugar bien al ajedrez' es una consecuencia de 'saber matemáticas'.)
Hace frío, la gente lleva abrigo	*Hace frío: la gente lleva abrigo.* ('llevar abrigo' es la consecuencia de que 'hace frío'.)
¡Qué simpático eres!	*¡Qué «simpático» eres!* (Con ironía.)
Los alumnos, que se han portado bien (todos los alumnos)*, irán de excursión*	*Los alumnos que se han portado bien* (solo esos alumnos) *irán de excursión*
Marta está enferma porque apenas come. (La causa de la enfermedad es 'que apenas come'.)	*Marta está enferma, porque apenas come.* (El hecho de 'que apenas come' no es la causa de estar enferma, sino su consecuencia.)

 §III.2 La coma

2.1 Rasgos del signo de la coma

■ Normalmente, la coma marca una pausa con entonación ascendente o en suspensión del final de la curva melódica. Tras una coma, siempre esperamos algo que complete un texto. Por tanto, no cierra ni enunciados, ni textos ni párrafos; separa palabras, grupos sintácticos no oracionales, oraciones subordinadas de diversos tipos...

2.2 Usos de la coma

2.2a Para separar segmentos de una misma serie sintácticamente equivalentes

■ La coma se utiliza para separar segmentos de una misma serie (palabras, grupos de palabras, oraciones) sintácticamente equivalentes, es decir, en los que la coma está en lugar de la conjunción *y*:

Juan, mis hermanos, el hijo de los vecinos y yo estuvimos en el cine. (Se unen sujetos. El último elemento de la serie se une al anterior mediante *y*; por eso no se pone coma.)

Esta chica es alta, guapa, estudiosa: lo tiene todo. (Se unen adjetivos atributos.)

Me pidieron que los llevara al colegio, que les comprara chuches, que fuera a recogerlos a la salida, y yo encantado. (Se unen tres oraciones subordinadas de complemento directo. Obsérvese que en este caso sí se pone coma **delante de *y*** porque la secuencia «yo encantado» no es miembro de la serie anterior; o sea, no es sintácticamente equivalente.)

---

❶ Tras el último componente de una serie que funciona como sujeto y su verbo, no se pone coma entre este y dicho componente (si no se intercala algún otro elemento) porque el sujeto <u>nunca se separa de su predicado</u>.

2.2b Para separar el vocativo del resto del enunciado

■ La coma se utiliza para separar el **vocativo** (palabra o grupo de palabras con las que llamamos la atención del interlocutor) del resto del enunciado. Aquel puede aparecer al principio, al final o en medio del enunciado:

*Doctor, ¿qué le pasa a mi hija? —¿Qué le pasa, **doctor**, a mi hija? —¿Qué le pasa a mi hija, **doctor**?*

Tú, ven para acá. (La palabra *tú* es vocativo; si fuera sujeto, no se pondría coma: *Ven tú para acá.*)

*Me gustaría, **amor mío**, complacerte.*

Padre nuestro, que estás en los cielos, santificado sea tu nombre.

2.2c Para sustituir a un verbo mencionado antes en el discurso o que se sobrentiende

■ La coma también sustituye a un verbo mencionado antes en el discurso (o sobreentendido) que no se quiere repetir:

Juan estudia arquitectura; Pedro, ingeniería; Antonio, medicina (se elimina «estudia»).

El Papa, en España (titular de un periódico).

2.2d Para separar aposiciones explicativas

■ Separa **aposiciones explicativas,** es decir, segmentos oracionales que aclaran o explican algo de un sustantivo anterior, pero no lo especifican:

El Rey, Juan Carlos I, clausuró la reunión.

La ciudad, Madrid, estaba muy adornada.

Pedro, el portero, me dijo…

Esta es su casa, un verdadero palacio.

2.2e Para separar oraciones de relativo explicativas

■ La coma separa también **oraciones de relativo explicativas**, es decir, las que se emplean para aclarar o explicar algo; las especificativas, que no explican sino que delimitan el concepto al que se refieren, no se separan con comas:

*El Ministro, que compareció ante la prensa, dijo…*❶

*En la finca, donde se ven jabalíes, voy a construir una casa.*❶

Estoy deseando ver a mi gata, que tiene cinco años.

Estos alumnos, cuyo objetivo inmediato es acabar su tesis, están estudiando mucho.

Mi madre, a quien quiere todo el mundo, es una bellísima persona.

---

❶ Frente a: *El ministro que compareció ante la prensa* (no otro ministro) *dijo…*

❶ Frente a: *En la finca donde se ven jabalíes* (no en otra finca)…

2.2f Para separar una oración subordinada adverbial de la principal

■ Siempre que la oración subordinada adverbial (condicional, causal, concesiva, temporal…) aparezca en primer lugar, se separará de la principal con una coma:

Si te acercas por aquí, no dejes de traerme el traje.

Como no he estudiado lo suficiente, me han suspendido.

Como no vengas por aquí, no te hablo más.

Aunque nadie se lo crea, he aprobado todo.

Tan pronto como lo sepa, te lo comunico.

---

❶ Si se invierte el orden [en el 2.º ejemplo es imposible], **no se pone coma.**

2.2g Para separar oraciones subordinadas de la enunciación

■ La coma también separa oraciones subordinadas que siguen a la principal, siempre que complementen no a esta última sino a un predicado elíptico. Se trata de **subordinadas de la enunciación**, que se oponen a las **subordinadas del enunciado**:

El suelo está húmedo porque ha llovido (sin coma: subordinada del enunciado).

Ha llovido, porque el suelo está húmedo (con coma: subordinada de la enunciación. La oración causal complementa no a «Ha llovido» sino a un predicado elíptico del tipo **«Es evidente** que ha llovido…»).

Juan está enfermo porque apenas ha comido (sin coma: subordinada del enunciado).

Juan está enfermo, porque apenas ha comido (con coma: subordinada de la enunciación. La oración causal no complementa a «Juan está enfermo», sino a un predicado del tipo «**Es evidente** que Juan está enfermo».)

El Betis ha ganado, si no lo sabes (con coma: condicional de la enunciación. No complementa a «El Betis ha ganado» sino a un predicado del tipo «TE DIGO que el Betis ha ganado».)

2.2h Para intercalar cualquier inciso

■ Además de las aposiciones y oraciones de relativo explicativas, las comas se utilizan para intercalar incisos de cualquier tipo:

Estos verbos, tal y como se dijo más arriba, son transitivos.
Este es, según me acaban de decir, el nuevo rector.
Me encantaría, si no es molestia, que te acercaras a mi casa.
Todos los jugadores, incluidos los reservas, festejaron el triunfo.

2.2i Para separar conectores sintácticos

■ La coma se pone detrás de conectores sintácticos como *sin embargo, no obstante, ahora bien, por tanto, por consiguiente, en primer lugar, en cambio, por último, en resumen, además,* etc., para separarlos de la oración que va a continuación:

Apenas había preparado la conferencia; sin embargo
  (no obstante), me salió bien.
He dormido solo cuatro horas; por tanto (por consiguiente),
  tengo sueño.
Manolo es buen chico; ahora bien, a veces peca de ingenuo.
Por último, quisiera decirles…
En resumen, todos somos culpables.
En primer lugar, no lo sabía; en segundo lugar, nunca
  lo hubiera hecho.
Además, no pude saludarlo.

---

❶ **Algunos conectores de este tipo pueden intercalarse: *No pude, además, saludarlo; Quisiera, por último, decirles…; Quiero decir, en primer lugar, que…***

2.2j Para separar conjunciones explicativas

■ Las conjunciones explicativas *es decir, o sea, esto es,* así como la abreviatura *etc.* se aíslan con comas del resto del enunciado en el que aparecen:

Madrid, es decir, la capital de España.
Los medios escritos, o sea, la prensa.
El manco de Lepanto, esto es, Cervantes.
Segovia, Ávila, Toledo, etc., son…

> ❶ La abreviatura *etc.* si no va al final de un enunciado, siempre va entre dos comas, aunque los elementos que una sean sujetos.

2.2k Para separar tópicos o temas

■ Una palabra o un grupo de palabras que se presentan en el enunciado para decir algo de ellos se conocen como **tópicos** o **temas** y se separan también con comas:

Vago, eso es lo que tú eres.
Mi hermano, ese sí que tiene suerte
En cuanto (en lo referente, en lo que se refiere) a los jugadores,
   nada diré.
Técnicamente (en cuanto a técnica), nada que objetarle
   al jugador.

2.2l Para separar circunstantes

■ Los complementos circunstanciales causales, condicionales, concesivos, temporales, etc., van separados por comas del resto del enunciado:

A pesar de eso, no me culpó a mí.
En ese caso, creo que yo protestaría.
Por ello, no fui capaz de articular palabra.
De pronto, se abrió la puerta.

2.2m Para separar atributos oracionales

■ Los adverbios o construcciones adverbiales que se atribuyen al contenido de la oración en que se encuentran también van separados de esta por comas:

Desgraciadamente, hay mucha gente que pasa hambre.
Por fortuna, no hemos pillado ningún catarro este invierno.

> **ⓘ** Los atributos de este tipo pueden ir también al final de la oración o intercalados en ella, siempre separados por coma: *Hay mucha gente, desgraciadamente, que pasa hambre; Hay mucha gente que pasa hambre, desgraciadamente.*

2.2n Para separar cláusulas absolutas

■ La coma separa **cláusulas absolutas,** o sea, oraciones de participio normalmente, pero no necesariamente, con sujeto distinto del de la oración principal, o secuencias introducidas por palabras como, *excepto, menos, salvo:*

Dicho eso, la gente comenzó a retirarse.
Llegados a ese punto, nos tuvimos que despedir amigablemente.
Excepto (salvo, menos) el alcalde, todos acudieron a la fiesta

2.2ñ Para separar oraciones con *pero, aunque, conque, así que*

Felipe ha fichado por el Madrid, pero (aunque) apenas juega.
Ya has jugado bastante, conque (así que) ponte a estudiar
un rato.

> **ⓘ** Cuando *pero* no une oraciones sino palabras o grupos de palabras inferiores a la oración, u oraciones muy cortas, no se debe usar la coma: *Es bueno pero tímido; Canta pero no baila.*

2.2o Para separar oraciones distributivas

■ La coma se utiliza para separar oraciones distributivas con *ora…ora, bien…bien, ya…ya* y secuencias con *no solo…sino (también):*

Ya estudies, ya trabajes, el puesto lo tienes asegurado.
Juan no solo acudió a la cena, sino que, además, ayudó
a hacerla.

2.2p Para separar ciertos nombres y apellidos

■ En las fechas, el nombre de la ciudad se separa del resto con una coma:

Madrid, a 8 de marzo de 2007.

■ Cuando el nombre de pila va detrás de los apellidos, se separa de estos con una coma:

Gómez Jiménez, Antonio.

2.3 Compatibilidad de la coma con la conjunción *y*

■ La coma se utiliza junto a la conjunción copulativa *y*:

• Cuando inmediatamente antes se han unido con *y (e)* elementos de una serie:

Me encantan la música y la poesía, y espero que me gusten siempre.
Mi amigo conoció Francia e Italia, y eso no se le olvidará nunca.

• Cuando el segmento introducido por la conjunción no se une al elemento inmediatamente anterior sino a otro:

El Madrid juega con el Bilbao, y el Barcelona, con el Celta.

ℹ **De no ponerse la coma, parece que el Madrid juega tanto con el Bilbao como con el Barcelona. Por otra parte, la conjunción *y* no une dos nombres (*Bilbao* y *Barcelona*), sino dos oraciones: *El Madrid juega con el Bilbao* y *El Barcelona juega con el Celta*.**

• Cuando *y* equivale a *pero:*

Me dijeron que estudiara, y (pero) no hice caso.

• Para deshacer o evitar ambigüedades:

Jaime saludó a una antigua amiga, y a su novia no le importó.

ℹ **Sin la coma, podría parecer que Jaime saludó a una antigua amiga y a su novia, o al menos se vacilaría en la lectura del texto.**

2.4 Otros aspectos sobre la presencia y ausencia de la coma

■ La coma no debe ponerse nunca entre sujeto y predicado, salvo que haya incisos; tampoco entre el verbo y sus complementos cuando estos lo siguen de forma lógica (salvo que haya incisos).

■ Nunca se pone coma ni delante ni detrás de la conjunción completiva *que*, salvo si hay incisos: **El profesor me dijo, que…; *El profesor me dijo que, hiciera un trabajo de investigación.*

■ No se pone coma detrás de la conjunción *pero* cuando esta preceda a una oración interrogativa: **Pero, ¿se lo habéis dicho?*

■ La coma podrá seguir a un paréntesis de cierre, nunca preceder al paréntesis de apertura: **Mis hijos, (y lo digo sin que ellos se enteren)…*

■ En ocasiones la coma es opcional. Con la coma se puede intentar cierto énfasis en el segmento que queda separado:

> En España, no todos piensan lo mismo - En España no todos piensan lo mismo.

---

❶ Véase la diferencia de significado entre poner la coma detrás del adverbio *así* o no ponerla: *Hay en español verbos causativos. Así, un verbo como 'cesar'…; Así se comporta un verbo causativo.*

❶ Repárese también en la puntuación de la secuencia *así+pues: Así pues, Juan tenía razón* ('por consiguiente'); *Estoy con una pierna rota; así, pues, no puedo poner el pie en el suelo* ('de esta manera').

---

§ III.3 El punto y coma

3.1 Rasgos del punto y coma

■ A diferencia de la coma, que supone un final de entonación en suspenso o hacia arriba, en el punto y coma el final de la entonación es hacia abajo. Eso quiere decir que el punto y coma cierra enunciados, mientras que la coma no los cierra.

■ Además, y como consecuencia de la diferencia entre estos finales entonativos, la pausa que corresponde al punto y coma es mayor.

■ Por otro lado, la entonación del punto y coma es la misma que la del punto, pero la conexión semántica entre los segmentos unidos por el punto y coma es mayor que la que se da entre los que une el punto. Como la medida de tal conexión no es siempre fácil de establecer y, además, existe en ello cierta carga de subjetividad, el signo del punto y coma se usa cada vez menos y prácticamente está desparecido en los periódicos.

3.2 Usos del punto y coma

■ Usar bien este signo requiere finura gramatical en el que escribe. Veamos algunos ejemplos:

Juan estudia medicina; Pedro, filosofía; Antonio, química.

• Obsérvese cómo tras el punto y coma la inflexión tonal final es de cierre (hacia abajo); sin embargo, tras la coma esa inflexión es suspensiva o hacia arriba porque no cierra enunciados. Ahora bien, la conexión semántica entre los tres enunciados es evidente, ya que comparten el mismo verbo, aunque implícito en los dos últimos enunciados: 'estudia'.

Este alumno ha venido poco a clase; sin embargo, ha sacado muy buenas notas.

• Después de la palabra *clase* se cierra un enunciado; pero se pone punto y coma porque lo que viene detrás está íntimamente ligado con lo anterior mediante el conector *sin embargo,* que indica 'corrección'. En general, delante de conectores como *sin embargo, no obstante, ahora bien, por tanto, por consiguiente…,* que llevan tras sí una coma, se debería poner casi siempre punto y coma.

Comimos con el presidente, con los vocales, con la directora; lo pasamos estupendamente.

• En este caso, el punto y coma lo exigen las muchas comas anteriores. La conexión semántica entre los dos enunciados es evidente.

§ III.4 El signo de los dos puntos

4.1 Rasgos del signo de los dos puntos

■ Este signo nunca cierra enunciados, textos o párrafos.

■ Normalmente anuncia algo que se expresa después, o cierra algo que se ha presentado antes en el discurso, o deja palabras o enunciados sin terminar o en suspenso.

■ El final de la curva melódica suele ser descendente (en los casos de enunciados incompletos, en suspensión), pero con inflexión menor que la del punto.

4.2 Usos del signo de los dos puntos

■ No siempre es fácil usar este signo. Hay personas que en su lugar ponen una coma o un punto y coma. Sin embargo, no deben confundirse estos signos.

• Presenta textos en **estilo directo,** es decir, textos de alguien reproducidos literalmente. Lo normal es que, además, aparezcan entrecomillados:

> Y el presidente dijo: «Hemos avanzado este año mucho más de lo esperado».
> Dijo el poeta: «Yo voy soñando caminos de la tarde».

---

❶ Evítese poner la conjunción *que* en estos casos; solo es admisible esta conjunción en textos jurídicos o administrativos: *INFORMA: Que...; CERTIFICA: Que...*

• Anuncia o cierra una enumeración:

> Las palabras se clasifican en relación con el acento así: llanas, agudas y esdrújulas.
> Los pasos que hay que seguir son los siguientes: a)...; b)...
> Llanas, agudas, esdrújulas: así se clasifican las palabras en relación con el acento.

• Sustituye a un nexo causal *(porque, ya que...)* o consecutivo *(por tanto, por consiguiente).* Si estos nexos se hacen explícitos, se pondrá punto y coma:

Estoy exhausto: me voy a la cama (por tanto, me voy…).

Estoy gordo: últimamente como mucho (porque últimamente como mucho).

● Se usa para ejemplificar, bien directamente, bien tras expresiones como *por ejemplo, verbi gratia* (v. gr.), *ejemplo(s):*

Tenemos en español verbos pronominales: *arrepentirse, quejarse…*

Tenemos en español verbos pronominales. Por ejemplo: *arrepentirse, quejarse…*

Las palabras agudas acabas en vocal, -n o -s llevan tilde. V. gr.: *salió, camión, anís.*

Las palabras llanas acabadas en vocal, -n o -s no llevan tilde. Ejemplos: *canon, este.*

● Se usa para explicitar algo que se anuncia o se cierra con palabras como *eso, lo siguiente* y otras parecidas:

Eso es lo que quiero: que me dejéis en paz.

Que me dejéis en paz: eso es lo que quiero.

Haced lo siguiente: un dibujo y una redacción.

Hice lo que tú me ordenaste: un dibujo y una redacción.

● Se usa para indicar que lo que sigue es una conclusión o resumen:

Últimamente comemos mucho y no hacemos deporte: no sabemos cuidarnos.

● Se emplea detrás de las fórmulas de vocativo que encabezan cartas, mensajes, instancias, etc.:

Estimado amigo:

Muy señor mío:

Ilustrísimo señor:

---

❶ **Evítese la costumbre de poner coma en estos casos.**

● Se usa tras verbos como INFORMA, PROMETE, HACE CONSTAR, SOLICITA, EXPONE, CERTIFICA, SUPLICA, etc., frecuentes en cierto tipo de documentos.

---

❶ **No es elegante poner los dos puntos tras una preposición:** **Iremos pronto a: la India, Australia…;* dígase: *Iremos pronto a* <u>*los siguientes*</u> *lugares: la India, Australia…*

§ III.5 El punto

5.1 Rasgos del punto

■ El punto, como signo lingüístico, presenta tres variantes:

- el punto (y) seguido
- el punto (y) aparte
- el punto final

■ Siempre cierra enunciados, párrafos o textos.

■ La parte final de la curva melódica es claramente descendente, frente a la de la coma, que es ascendente o en suspenso. Se diferencia del punto y coma no tanto en la inflexión tonal cuanto en la relación semántica entre lo que precede y lo que sigue; esta es más fuerte con el punto y coma que con el punto.

> ❶ En los usos no discursivos del punto (▶ § III.5.3) no se tiene en cuenta la curva melódica.

5.2 Usos del punto en el discurso escrito

■ El punto y seguido separa enunciados en el mismo párrafo con una conexión semántica menor que la que exige el punto y coma.

■ El punto y aparte separa párrafos, normalmente porque se pasa dentro del texto a hablar de otro tema o de otra idea.

■ El punto final cierra un texto.

■ La diferencia entre el punto y seguido y el punto y aparte no siempre es clara: hay en ello parte de subjetividad en el que escribe. En cualquier caso, es conveniente evitar los párrafos largos; el punto y aparte es útil a veces para aligerar el texto y para dejar que el lector pueda 'respirar' a lo largo de la lectura.

> ❶ Para ejemplificar los usos de los distintos tipos de punto, invitamos al lector de este trabajo a que observe dónde los colocamos nosotros.

▞▞ 5.3 Otros usos no discursivos del punto

■ El punto es un signo que se emplea también para marcar funciones que no tienen que ver con el discurso lingüístico. Entre ellas, citamos las siguientes:

• Se usa en el final de las abreviaturas: *págs., adv.; introduc.; S. M.; AA.VV.; ss.; Ilmo.; Uds.; M.ª; 1.ª; n.º*

> ❶ Obsérvese que el punto es compatible con la letra voladita. Se exceptúan las abreviaturas que se escriben con barra: *c/* (calle), *c/c* (cuenta corriente), etc.

• Se emplea para separar las horas de los minutos cuando su expresión es numérica: *16.30 h; 18.00 h* (en su lugar, puede utilizarse también el signo de los dos puntos: *16:30 h; 18:00 h*).

> ❶ Nunca deben separarse con una coma: **20,30 h.*

• En las fechas, los números de los días, meses y años se separan con un punto (también con barra o con guion): *18.3.09; 18.III.09 (18-3-09; 18-III-09; 18/3/09; 18/III/09)*.

• Se puede usar también como signo de la multiplicación, siempre que su posición sea a media altura y entre dos blancos, aunque es preferible el uso del signo en forma de aspa, más tradicional: *3 · 8 = 24* (mejor: *3 × 8 = 24*).

• En América es normal su uso para separar números enteros de los decimales (en España se prefiere la coma): *23.15 euros (23,15 euros)*.

• También se emplea el punto para ubicar emisoras de radio: «*Información sobre el tráfico, en frecuencia modulada 102.1*».

▞▞ 5.4 Usos indebidos del punto

■ Después de los signos de cierre de la interrogación y de la exclamación, así como de los puntos suspensivos, **nunca** se pone un punto, pues aquellos cumplen, además de su función propia, la del punto (y) seguido o la del punto (y) aparte.

■ No se pone punto en los símbolos internacionales ni en las siglas; se escribirá, pues, *l* (litro), *h* (hora), *km* (kilómetro), *m* (metro), *mm* (milímetro), etc., así como *ONG, ONU, DVD, TAC, CSIC, UNAM,* etc.

• Se recomienda, no obstante, poner el punto tras cada una de las letras de la palabra siglada si el texto en que se encuentran está todo él escrito con mayúsculas:

AL ENFERMO SE LE PRACTICÓ UN T.A.C.

■ Si un enunciado termina con una abreviatura, nunca se le añadirá otro punto al de esta: **Se ha dirigido a Ud..* Escríbase: *Se ha dirigido a Ud.*

■ No se pone punto para separar las unidades de millar existentes en la denominación numérica de los años, de las páginas de un libro, de los portales de vías urbanas, de los códigos postales, de los decretos, leyes o artículos jurídicos: *año 2009 (*2.009); pág. 11400 (*pág. 11.400); Avda. de la Castellana, n.º 1004 (*1.004); Madrid, 28007 (*Madrid, 28.007); decreto 2014 (*decreto 2.014).*

■ No se pone punto tras el título o subtítulo de un libro, de una obra de arte, de un capítulo, de un artículo, o tras el nombre de un autor si ocupan un solo renglón y aparecen aislados.

■ Hoy, siguiendo la norma internacional, se aconseja separar por blancos y en grupos de tres cifras (contando de derecha a izquierda) las unidades de millar, de millón, de billón…, siempre que la cantidad comprenda más de cuatro cifras: *1 130 024; 230 325.*

OBSERVACIONES

▶ El punto y seguido y el punto y aparte pueden ir tras las comillas de cierre, tras el paréntesis de cierre o tras el signo de cierre de la barra:

• *Dijo el maestro: «Ser analfabeto es ser siempre un esclavo».*
• *No nos ha tocado la lotería (nos conformamos con tener salud).*
• *Ya está bien de quejarse —murmuró la hermana—.*

▶ Ahora bien, si lo que va entre comillas o entre paréntesis es un enunciado independiente (precedido de punto delante de las comillas o paréntesis de apertura, o como principio absoluto de párrafo o de texto), el punto debe ir delante de las comillas de cierre o del paréntesis de cierre: *El tren descarriló. «C'est tout.»* (En el *Diccionario panhispánico de dudas* no se hace esta mención y se dice que <u>siempre</u> se ponga el punto después de las comillas y del paréntesis de cierre, norma que contradice las reglas tradicionales de la ortotipografía.)

▶ Se desaconseja juntar números y letras en la mención de cantidades con millares: **10 mil euros;* (escríbase: *diez mil euros* o *10 000 euros*) **324 mil euros* (escríbase: *trescientos veinticuatro mil euros* o *324 000 euros*). Esta regla no es válida para los millones, billones, decenas y centenas, pues en estos casos se trata de verdaderos sustantivos: *20 millones de euros* o *20 000 000 de euros*. (En la actualidad, algunos medios escritos expresan los millones de euros así: *20M€.*)

Los puntos suspensivos

6.1 Rasgos del signo de los puntos suspensivos

■ Los puntos suspensivos son tres y solo tres. A veces, en ciertos ámbitos como el de la publicidad, se ponen más de tres con una finalidad claramente expresiva, aunque en muchos casos se debe a ignorancia del publicista.

■ Como su nombre indica, lo esencial de este signo de puntuación es un final de la curva melódica en suspenso.

6.2 Usos del signo de los puntos suspensivos

■ Se usan en los siguientes casos:

• Para indicar que una oración o palabra queda incompleta:

A buen entendedor…
Dime con quién andas y te diré…
Eres un hijo de p…

• Para indicar suspense, vacilación, inseguridad en el que habla:

> En aquel momento…, cómo te diría…, se acercó a mí
> un… no sé cómo se llama…

• Con el valor de etcétera:

> En mi casa había de todo: niños, abuelos, tíos…

■ Los puntos suspensivos entre corchetes o paréntesis que se ponen en medio, al principio o al final de un texto (…) […] indican que se omiten palabras que están en el texto original, pero que no interesa, por la razón que sea, explicitarlas cuando se aporta una cita.

⊟ OBSERVACIONES

▶ En el último de los usos mencionados, no cuenta la curva melódica.

▶ Tras el punto de una abreviatura se pueden poner los tres puntos suspensivos, lo que da como resultado cuatro puntos: *En este texto hay prep., adv., art., adj.…*

▶ Son incompatibles los puntos suspensivos y el etc.: **Vinieron a verme mis amigos, mis padres, mis abuelos, etc…* O se ponen aquellos, o se pone la abreviatura mencionada.

▶ Lo normal es que los puntos suspensivos aparezcan al final de una palabra, de una letra, de un enunciado; sin embargo, en el ámbito publicitario no es infrecuente, como recurso expresivo, ponerlos también delante de una palabra o enunciado.

---

§ III.7 Los signos de exclamación e interrogación

7.1 Rasgos de los signos de exclamación y de interrogación

■ Los signos de exclamación (antes se llamaban signos de admiración) son dos: el de apertura (¡) y el de cierre (!).

■ La curva melódica de lo que encierran estos signos se caracteriza por una subida y una bajada bruscas.

■ Los signos de interrogación son igualmente dos: el de apertura (¿) y el de cierre (?).

> ❶ Frente a otras lenguas que solo usan el signo de cierre, el español tiene también el de apertura porque la condición interrogativa empieza desde el principio del enunciado.

■ Cuando el enunciado que encierran es directo (sin partícula interrogativa), el final de la curva melódica es ascendente; sin embargo, cuando el enunciado lleva una partícula interrogativa *(qué, quién, dónde, cómo…),* el final suele ser descendente.

7.2 Usos de los signos de exclamación y de interrogación

■ Los signos de exclamación se usan para encerrar interjecciones y cualquier exclamación, sea oración o palabra. Lo encerrado entre tales signos tiene valor de enunciado:

¡Ay!; ¡Qué barbaridad!; ¡Cómo llueve!; ¡Venga ya!; ¡Qué listo eres!

■ Por su parte, los signos de interrogación se usan para preguntar algo, bien con una sola palabra, bien con una oración:

¿Qué?; ¿Cómo?; ¿Dónde estuviste?; ¿Ha llegado el presidente?

7.3 Otros usos fuera de la curva melódica

■ Un signo de interrogación o exclamación entre paréntesis indica, por parte del que escribe, sorpresa o ironía: *Tardó en llegar media hora (!) en coche a Madrid desde Segovia; El profesor alabó (?) en público este engendro.*

■ Se escribe entre signos de interrogación una fecha de nacimiento o fallecimiento dudosa: *Laura Ponte (¿1941?-1973).*

☑ OBSERVACIONES

▶ Algunos enunciados son interrogativos y exclamativos al mismo tiempo; en estos casos se aconseja empezar los enunciados con signo de exclamación y cerrarlos con el de interrogación, o al contrario: *¡Acaso no tengo dos manos para trabajar?; Pero ¿qué haces!*

▶ Cuando antes de la oración interrogativa aparecen una expresión no oracional u otra oración que se subordina a esta, el signo de interrogación debe aparecer cuando empieza aquella: *Si lo sabías, ¿por qué no me lo dijiste?; Entonces, ¿vas a venir con nosotros?*

▶ Ahora bien, si los segmentos que están fuera del entorno interrogativo aparecen al final o en el interior del enunciado, quedan también dentro de la interrogación: *¿Por qué no me lo dijiste si lo sabías?; ¿Por qué, si lo sabías, no me lo dijiste?*

§ III.8 Las comillas

8.1 Rasgos del signo de las comillas

■ Las comillas pueden ser, latinas (« »), inglesas (" ") o simples (o sencillas) (' ').

■ Las primeras que deben aparecer en un texto son las latinas; en segundo lugar, cuando en el mismo texto entrecomillado con comillas latinas hay otro texto que debe entrecomillarse, se emplean las inglesas, y, si hay otro texto más que hay que entrecomillar, se emplean las simples o sencillas.

■ Este signo de puntuación no tiene nada que ver con la curva melódica de un enunciado; normalmente se emplea para destacar palabras o partes de texto.

8.2 Usos del signo de las comillas

■ Se emplean comillas en los casos siguientes:

• Para encerrar una cita en estilo directo (▶ § III.4.2): *Dijo Jesús: «Amaos los unos a los otros»; Ya lo dijo el poeta: «Una de las dos Españas ha de helarte el corazón».*

• Para indicar que las palabras reproducidas de alguien son literales: *El director quiere «disciplina, buen humor, talante y estudio».*

- Para indicar que una palabra o frase es:

  - un extranjerismo: *Estoy haciendo «footing»; Hay «mobbing» en esta empresa.*

  - un vulgarismo: *Está «de buten».*

  - una palabra o frase de creación propia, no recogida en los diccionarios, o usada con ironía (en muchos de estos casos hoy se usa la letra cursiva): *Deben combatirse la «lujorexia» y la «gastopatía»; ¡Qué «listo» eres!*

- Para encerrar el significado en metalenguaje de una palabra o una expresión dada; en este caso, es preferible usar las comillas simples o sencillas: *detentar significa 'ocupar [un cargo] de forma ilegítima', no simplemente 'ocupar' o 'desempeñar'.*

- Para los títulos de los artículos citados en libros o revistas.

■ OBSERVACIONES

▶ Los títulos de libros, de obras artísticas o instituciones no van entre comillas; basta con que aparezca la primera letra del nombre en mayúscula: *¿Has leído La busca de Pío Baroja?; Siempre me impresionó el cuadro de Las meninas; En la Universidad Antonio de Nebrija se imparte un curso de posgrado.*

§ III.9 Los paréntesis

9.1 Rasgos de los paréntesis

■ Normalmente son dos, el de apertura (( ) y el de cierre ( )), aunque se emplea solo este último cuando marcamos epígrafes con letras, números, etc.: *d), a)…*

■ Cuando lo que se encierra entre paréntesis es una palabra o un texto, lo normal es que se lea en un tono más bajo que el resto del discurso por tratarse de algo marginal, tangencial o una mera aclaración.

■ 9.2 Usos de los paréntesis

■ Generalmente se emplean para encerrar incisos, pensamientos, aclaraciones algo marginales respecto del contenido del texto. Suponen una interrupción del texto principal: *Los bomberos (la verdad es que se les notaba tristes) no pudieron tomar las uvas de Año Nuevo.*

■ También se usan para encerrar topónimos de mayor comprensión que la de otros, y aclaraciones de siglas, de palabras o textos extranjeros, etc.: *Pedraza (Segovia); ONG (Organización No Gubernamental); una casa con «office» (antecocina).*

§ III.10 Otros signos de puntuación

■ 10.1 El guion

■ Es una raya horizontal corta (-). Se utiliza:

• Para partir palabras al final de un renglón: *satisfac- / ción; no- /ción; ca- / beza.*

• Para separar los componentes de ciertas palabras compuestas: *teórico-práctico.*

• Para separar fechas y símbolos con números: *2001-08; N-VI.*

• Para separar los prefijos que se unen a bases léxicas que empiezan con una mayúscula: *anti-OTAN; pro-Alemania.*

• Para separar los números correspondientes al día, al mes y al año en algunas formas de fechar *(20-VII-07),* y para condensar sin preposiciones algunas direcciones, encuentros deportivos entre rivales, etc.: *dirección Atocha-Chamartín; partido Madrid-Betis…*

• Para marcar los componentes internos de una palabra cuando nos referimos a ellos: *El prefijo neo- de neoliberal…; el interfijo -ar- de polvareda; de-sahu-ciar: sílabas de este verbo.*

▄10.2 **La raya**

■ Es un guion largo (—). Se utiliza fundamentalmente para marcar las intervenciones de los interlocutores en un diálogo reproducido en la lengua escrita:

—¿Les diste el regalo? —Naturalmente. No me iba a quedar yo con él.
—Ya me he enterado de lo de tu madre. ¡Qué horror! —Pues sí, ha sido una tragedia.

■ También se utiliza para encerrar en los diálogos las oraciones encabezadas por los verbos declarativos correspondientes, o simplemente para aclarar quién fue el hablante o pensador en una cita en **estilo directo:**

—¿Habéis perdido, ¿verdad? —preguntó con sorna Susan intentando vengarse de Juan—.
—Esta tesis —pensó el profesor— puede publicarse sin problemas.

■ En ocasiones se emplean las rayas con la misma función que los paréntesis (▶ § III.9.2), especialmente para delimitar palabras, grupos o enunciados, que actúan como incisos:

Los distintos estamentos de este Centro —dirección, profesorado y alumnos— participarán en la fiesta.

■ La raya a veces puede ser un sustituto de otra u otras palabras que no se quieren repetir; normalmente, cuando el texto se distribuye en columnas:

En este texto tenemos:
palabras agudas
— llanas
— esdrújulas.

• Con este uso, es frecuente en las bibliografías:

Lapesa, Rafael: *Historia de la lengua española.*
—: *Estudios de historia lingüística española.*

▄10.3 **Los corchetes**

■ Son dos: el de apertura y el cierre ([ ]). Se usan en los casos siguientes:

• Con el valor de los paréntesis, generalmente cuando encierran textos marginales o enmiendas: *la convale[cien]cia.*

• Para encerrar palabras o secuencias de palabras en textos mayores que están ya entre paréntesis: *(Algunos escriben *espúreo [espurio]).*

• Para enmarcar puntos suspensivos; en este caso, se avisa de que en el texto que reproducimos nos dejamos algo sin reproducir. «*Yo voy soñando caminos de la tarde* […], *¿adónde el camino irá*».

• En las obras de teatro, aparecen entre corchetes los apartes de los personajes:

JUAN. (Nervioso.) Ya está bien de toser [este tío se va a quedar sin garganta.]

ALBERIO. (Molesto.) ¿Qué quieres que haga si me estoy ahogando?

• Se usa el corchete de apertura para acoger un trozo de texto de un verso que no cabe en la línea que le correspondería:

Luchando cuerpo a cuerpo con
                                          [la muerte
Al borde del abismo estoy
                                          [clamando…

• En fonética, se escriben entre corchetes las transcripciones: *[berðáð.]* (verdad).

10.4 La barra

■ Este signo es una línea recta diagonal trazada de arriba abajo y de derecha a izquierda (/). Se usa:

• Para aproximar dos o más conceptos, normalmente sinónimos, cuasisinóminos, homófonos y antónimos: *despilfarro/ahorro; mayoría/minoría; acerbo/acervo; los viejos/los mayores…*

• Para expresiones con símbolos del tipo *km/h* (kilómetros por hora).

• En los poemas, para señalar el fin de un verso, cuando los versos se escriben seguidos y no uno debajo de otro: *…y su silencio retumbando / ahoga mi voz en el vacío inerte.* (En estos casos, se coloca entre dos blancos.)

• En fonología se usa para las transcripciones fonológicas: *el fonema /t/; el archifonema /R/.*

§ III.11 Otros aspectos ortográficos sobre los signos de puntuación

■ Las comas, los puntos y coma y los puntos **nunca** deben empezar renglón.

■ La coma, el punto y coma y los dos puntos nunca preceden a un paréntesis; sí pueden hacerlo el punto y los puntos suspensivos.

■ En un texto entrecomillado, lo normal es colocar los signos de exclamación e interrogación dentro de las comillas (*«¡Adelante!» —gritó el jefe*); pero si las comillas enmarcan solo una palabra o expresión que se encuentra dentro de la oración exclamativa o interrogativa, dichos signos de cierre se pondrán después de las comillas: *¿Así que lo sabes «off the record»?*

■ Los puntos suspensivos pueden ir seguidos de coma, de punto y coma y del signo de los dos puntos.

■ Lo normal es poner los signos de exclamación e interrogación delante de los puntos suspensivos *(¡Adelante!…; ¿Qué has hecho?…)*; no obstante, cuando estos indican que dejamos algo sin terminar por dar a entender que el receptor sabría recuperarlo, aquellos irán detrás: *¡Eres un hijo de p…!; ¡Dime con quién andas y te diré…!*

■ El español, al contrario que otras lenguas, exige que los signos de exclamación y de interrogación sean el de apertura y el de cierre; no es correcto prescindir de aquel.

■ Cuando se menciona un sufijo precedido de guion, se pondrá tilde sobre este si la vocal de la sílaba anterior en la palabra a la que pertenece el sufijo la lleva: *abulia y -ico* (abúlico).